JOCHEN SCHRÖDER

Die Anpassung
von Kollisions- und Sachnormen

NEUE KÖLNER RECHTSWISSENSCHAFTLICHE ABHANDLUNGEN

HERAUSGEGEBEN VON
DER RECHTSWISSENSCHAFTLICHEN FAKULTÄT
DER UNIVERSITÄT ZU KÖLN

HEFT 18

Berlin 1961

WALTER DE GRUYTER & CO.
vormals G. J. Göschen'sche Verlagshandlung · J. Guttentag, Verlagsbuchhandlung
Georg Reimer · Karl J. Trübner · Veit & Comp.

Die Anpassung von Kollisions- und Sachnormen

von

Dr. Jochen Schröder

Köln

Berlin 1961

WALTER DE GRUYTER & CO.

vormals G. J. Göschen'sche Verlagshandlung · J. Guttentag, Verlagsbuchhandlung
Georg Reimer · Karl J. Trübner · Veit & Comp.

Archiv-Nr. 27 08 61 / 18
Satz und Druck: Walter de Gruyter & Co., Berlin W 30

Inhaltsübersicht

Schrifttumsverzeichnis

D'Amelio	Commentario Codice Civile, Libro Primo, Florenz 1940
Arndt	Die Nichtigkeit verfassungswidriger Gesetze, DÖV 1959, S. 81—84
Bährmann	Das neue Ehegüterrecht, AcP 157 (1958), S. 145—214
Balladore-Pallieri	Diritto Internazionale Privato, 2. Aufl., Mailand 1950
Ballarino	Il fondamento del diritto internazionale privato nelle ricerche di Wilhelm Wengler, Diritto Internazionale 1959, S. 131—148
v. Bar	Theorie und Praxis des IPR, 2. Aufl., Hannover 1889, I. Bd.
Batiffol	Les tendances doctrinales actuelles en droit international privé, Rec. 1948 I, S. 5—64
—	Aspects philosophiques du droit international privé, Paris 1956
—	Buchbespr., Rev. crit. d. dr. i. pr. 1957, S. 140—143
Baumbach-Lauterbach	ZPO, 27. Aufl., München und Berlin 1958
Beitzke	Betrachtungen zur Methodik im IPR, Festgabe Smend, 1952, S. 1—22
—	Nachlaßspaltung und Testamentsform im IPR, Festschrift Lewald, Basel 1953, S. 235—243
—	Probleme der enteignungsrechtlichen Spaltgesellschaft, Festschrift Janssen, 1958, S. 29—40
Bergmann	Internationales Ehe- und Kindschaftsrecht, 3. Aufl., Frankfurt/M., Stand: 31. 3. 1957
Betti	Problematica del diritto internazionale, Milano 1956
Bland	Classification Re-Classified, ICLQ 6 (1957), S. 10—27
Bosch	Bemerkungen zum „Gleichberechtigungsgesetz", FamRZ 1957, S. 189—196
—	Urteilsanmerkung, FamRZ 1959, S. 379
Braga	Das ehegüterrechtliche Erbrecht des überlebenden Ehegatten, FamRZ 1957, S. 334—342
Broggini	Die Maxime „iura novit curia" und das ausländische Recht, AcP 155 (1956), S. 469—485
Bülow-Arnold	Internationaler Rechtsverkehr in Zivil- und Handelssachen, München und Berlin, Stand: Febr. 1957
Cansacchi	Scelta e adattamento delle norme straniere richiamate, Turin 1939, Capitolo IV: L'Adattamento delle norme materiali staniere nell' ordinamento del foro, S. 218—294
—	Le choix et l'adaptation de la règle étrangère dans le conflit de lois, Rec. 1953 II, S. 81—157

Cavers	The choice of law problem, 47 (1933) Harv. L. R., S. 173—208
—	The two „Local Law" Theories, 63 (1950) Harv. L. R., S. 822—832
Cheatham	American theories of conflict of laws; their role and utility, 58 (1945) Harv. L. R., S. 361—394
Cohn	Der englische Gerichtstag, Köln 1956
Coing	Erbrecht, 10. Aufl., Tübingen 1955
—	System, Geschichte und Interesse in der Privatrechtswissenschaft, JZ 1951, S. 481—485
Cook	The logical and legal bases of the conflict of laws, Cambridge—Massachusetts 1949
Derret	Adoption in Hindu Law, ZfvglRW 60 (1957), S. 34—90
Dölle	Gegenwärtige Aufgaben der deutschen Wissenschaft vom IPR, 5. Beiheft zur DRiZ 1948, S. 3—7
—	Die Gleichberechtigung von Mann und Frau im Familienrecht, Festgabe Kaufmann, Stuttgart und Köln 1950, S. 19—46
—	Der Ordre Public im IPR, Deutsche Landesreferate zum III. Internationalen Kongreß f. Rvgl. 1950, S. 397—415
—	Über die Anwendung fremden Rechts, Jahrbuch der Max-Planck-Gesellschaft 1956, S. 34—61
—	Bemerkungen zu § 293 ZPO, Festschrift Nikisch 1958, S. 185—203
Ehrenzweig	Der Tatort im amerikanischen Kollisionsrecht, Festschrift Rabel, Bd. I, S. 655—683
Engisch	Die Einheit der Rechtsordnung, Heidelberg 1935
—	Einführung in das juristische Denken, Stuttgart 1956
Esser	Grundsatz und Norm in der richterlichen Fortbildung des Privatrechts, Tübingen 1956
—	Zur Methodenlehre des Zivilrechts, Studium generale 1959, S. 107
Ferid	Zwei Gesichtspunkte zur „erbrechtlichen Lösung" des Zugewinnausgleichs bei Auflösung der Ehe durch den Tod eines Ehegatten, FamRZ 1957, S. 70—73
Ferid-Firsching	Internationales Erbrecht, München — Berlin 1955 (I)
Firsching	Testamentsvollstrecker — executor — trustee, DNotZ 1959, S. 354—373
Fränkel	Der Irrgarten des IPR, ZAIP 4 (1930), S. 239—243
Fragistas	Die Kommorientenvermutungen im IPR, Festschrift Laun, Hamburg 1953, S. 693—705
Francescacis	La théorie du renvoi 1958
Gage-Sarstedt	Die Revision in Strafsachen, 3. Aufl., Essen 1954
Gamillscheg	Gedanken zu einem System des internationalen Arbeitsrechts, ZAIP 23 (1958), S. 819—850
—	Internationales Arbeitsrecht 1959
Geiger	Das Verhältnis von Naturrecht zu positivem Recht, in: Grundrechte und Rechtsprechung, 1. Aufl., München 1959, S. 57—86

Goldschmidt	Sistema y filosofia del derecho internacional privado, Barcelona 1948 (I), 1949 (II); 2. Aufl. des I. Teils Buenos Aires 1952
—	Die philosophischen Grundlagen des IPR, Festschrift Wolff, Tübingen 1952, S. 203—224
—	Urteilsanm. ZAIP 15 (1949), S. 342—350
Gottheiner	Anpassungs- und Umdeutungsprobleme bei deutsch-englischen Erbrechtsfällen, Diss. Tübingen 1955
—	Zur Anwendung englischen Erbrechts auf Nachlässe in Deutschland, ZAIP 21 (1956), S. 36—72
Gramm	Komm. z. EGBGB, Art. 1—6 und 32—218, in: Staudingers Komm. BGB, VI 1, 10. Aufl., Berlin — München 1939
Guhl	Das schweizerische Obligationenrecht, 5. Aufl., Zürich 1956
Heck	Begriffsbildung und Interessenjurisprudenz, Tübingen 1932
—	Das Problem der Rechtsgewinnung, 2. Aufl., Tübingen 1932
—	Buchbesprechung, ZfgesHR 1891, S. 305—319
Hijmans	Algemeene problemen van internationaal privatrecht, Zwolle 1937
Jesch	Unbestimmter Rechtsbegriff und Ermessen in rechtstheoretischer und verfassungsrechtlicher Sicht, AÖR 1957, S. 163—249
Jitta	La méthode du droit international privé, Den Haag 1890
—	Das Wesen des IPR, AÖR 14 (1899), S. 301—327
—	Alte und neue Methoden des IPR, AÖR 15 (1900), S. 564—581
—	La substance des obligation dans le droit i. pr., Den Haag I (1906), II (1907)
Jones	Adoption in the Conflict of Laws, ICLQ 1956, S. 207—213
Kahn	Abhandlungen zum IPR I, München und Leipzig 1928
Kallmann	Besonderheit des schweizerischen Rechts bei Verjährungsunterbrechung durch ausländische Klageerhebung und Urteilserwirkung? SchwJZ 1954, S. 89—96
Katinszky	Unterbrechung der Verjährung durch Klageerhebung vor ausländischen Gerichten ZAIP 9 (1935), S. 855—866
Kegel	Der Gegenstand des IPR, Festschrift Raape, Hamburg 1948, S. 13—33
—	Begriffs- und Interessenjurisprudenz im IPR, Festschrift Lewald, Basel 1953, S. 259—288
—	Komm. zu Art. 7—31 EGBGB, Soergel Bd. IV 1955
—	Probleme des internationalen Enteignungs- und Währungsrechts, Köln 1956
—	Buchbesprechung, ZAIP 15 (1949), S. 166—173

Kegel	Internationales Privatrecht, Müchen und Berlin 1960
Keidel	FGG, 5. Aufl., München und Berlin 1952
Kipp	Über Doppelwirkungen im Recht, Festschrift Martitz, Berlin 1911, S. 211—233
Knur	Zugewinngemeinschaft, Ehevertrag und Verfügung von Todes wegen, DNotZ 1957, S. 451—483
Köhn	Schiedsgerichtsbarkeit und Ordre public im zwischenstaatlichen Handelsverkehr, KTSch 1956, S. 129—140, 166—175, 185—190
Kollewijn	Het beginsel der openbare orde in het i. pr., Amsterdam 1917
Kronstein	Neue amerikanische Lehren zum IPR im Lichte des amerikanisch-europäischen Kartellkonflikts, Festschrift Wolff, Tübingen 1952, S. 225—246
Lalive	The transfer of chattels in the conflict of laws, Oxford 1955
Lehmann	Schuldrecht, 14. Aufl., Tübingen 1954
Leske-Loewenfeld	Das Eherecht der europäischen Staaten IV, Berlin 1904
Lewald, H.	Das deutsche IPR auf Grundlage der Rechtsprechung, Leipzig 1930/31
—	Le contrôle des Cours Suprêmes sur l'application des lois étrangères, Rec. 1936 III, S. 205—324
—	Règles générales des conflits de lois, Rec. 1939 III, S. 1—148
—	Kollisionsfrage und revisio in jure, Festgabe zum Schweizer Juristentag, Basel 1942, S. 203—232
Louis-Lucas	Qualification et répartition, Rev. crit. d. dr. i. pr. 1957, S. 153—183
Lüderitz	Kumulation und Grundsatz des schwächeren Rechts im IPR, Diss. Köln 1957
Makarov	IPR und Rechtsvergleichung, Tübingen 1949
—	Quellen des IPR I, 2. Aufl., Berlin und München 1953
Maßfeller	Güterrechtliche Fragen des Gleichberechtigungsgesetzes, Betrieb 1958. S. 563—566
Maury	Règles générales des conflits de lois, Rec. 1936 III, S. 329—563
Melchior	Die Grundlagen des deutschen IPR, Berlin und Leipzig 1932
Menger	System des verwaltungsgerichtlichen Rechtsschutzes, Tübingen 1954
Meyer	Urteilsanm. FamRZ 1957, S. 429f.
Mezger	Die Beerbung von Franzosen in Deutschland, JZ 1956, S. 303—309
Monaco	L'efficacia della legge nello spazio, Turin 1954
Morris	The recognition of polygamous marriages in English law, Festschrift Wolff, Tübingen 1952, S. 287—336
Müller-Freienfels	Zur kollisionsrechtlichen Behandlung der Abstammungsklage, FamRZ 1957, S. 147—151

Müller-Freienfels	Kernfragen des Gleichberechtigungsgesetzes, JZ 1957, S. 685—696
Neuhaus, H.	Buchbesprechung, ZAIP 21 (1956), S. 378—381
—	Buchbesprechung, ZAIP 23 (1958), S. 367
Neuhaus, P. H.	Die Krise im IPR, DRiZ 1948, S. 86—87
—	ZAIP 15 (1949), S. 161—165, Urteilsanm.
—	Besprechung der Wolff-Festschrift, ZAIP 18 (1953), S. 714—718
Neumeyer	Internationales Verwaltungsrecht, Zürich — Leipzig 1936, Bd. IV
—	Urteilsanm. JW 1926, S. 374
Neuner	Der Sinn der Internationalprivatrechtlichen Norm, Brünn — Prag — Leipzig — Wien 1932
Niederer	Einführung in die allgemeinen Lehren des IPR, Zürich 1954
Nipperdey	Allgemeiner Teil des BGB, 14. Aufl., Tübingen, I 1952, II 1955
—	Boykott und freie Meinungsäußerung, DVBl. 1958, S. 445—452
De Nova	Solution du conflit de lois et règlement satisfaisant du rapport international, Rev. crit. d. dr. i. pr. 1948, S. 179—203
—	Considerazioni comparative sull' adozione in diritto internationale privato, ZAIP 23 (1958), S. 730—763
—	I conflitti di leggi e le norme con apposita delimitazione della sfera di efficacia, Diritto Internationale 1959, S. 13—30
Nußbaum	Principles of Private International Law, New York — London — Toronto 1943
—	Grundzüge des IPR, München — Berlin 1952
Raape	Staudingers Komm. zu Art. 7—31 EGBGB VI 2, 9. Aufl., Berlin — München 1931
—	Les rapports juridiques entre parents et enfants (sect. III: Le problème de l'adaptation), Rec. 1934 IV, 496 bis 517
—	IPR, 4. Aufl., Berlin — Franfurt 1955
Rabel	Das Problem der Qualifikation, ZAIP 5 (1931), S. 241—288
—	The Conflict of Laws, Chicago 1945ff.
Reithmann	Der Anwendungsbereich der Zugewinngemeinschaft, FamRZ 1959, S. 267—273
Riedel	JWG, 2. Aufl. 1955, München — Berlin
Riezler	Internationales Zivilprozeßrecht, Berlin — Tübingen 1949
Rigaux	La Théorie des Qualifikations en droit i. pr., Brüssel 1956
Rosenberg	Lehrbuch des Zivilprozeßrechts, 7. Aufl., München — Berlin 1956
—	Die Beweislast, 4. Aufl., München — Berlin 1956

v. Savigny	System des heutigen Römischen Rechts VIII, Berlin 1849
Scheuerle	Beiträge zum Problem der Trennung von Tat- und Rechtsfrage, AcP 157 (1958), S. 1ff.
Schlegelberger	FGG, 6. Aufl. 1952, Köln — Berlin
Schmidt	Die Gesetzeskonkurrenz im Bürgerlichen Recht, München 1915
—	Der Ort der unerlaubten Handlung im IPR, Festschrift Lehmann, Berlin 1937, S. 175—194
Schnitzer	Handbuch des IPR, 4. Aufl., Basel, I 1957, II 1958
Schröder	Rechtseinheit und richterliche Entscheidungsfreiheit, NJW 1959, S. 1517—1521
v. Schwind	Von der Zersplitterung des Privatrechts durch das IPR und ihrer Bekämpfung, ZAIP 23 (1958), S. 449 bis 465
Schwoerer	Die französische Mutterschaftsanerkennung und ihre Abgabe durch deutsche Mütter, ZAIP 16 (1951), S. 44—68
—	Gleichberechtigung und richterliche Praxis, Die Justiz 1957, S. 321—331
Selb	M. Wolff und die Lehre von der Qualifikation nach der lex causae im IPR, AcP 157 (1958), S. 341—348
Serick	Parallelwirkungen im IPR, ZAIP 21 (1956), S. 207 bis 242
Seybold	Staudingers BGB, 11. Aufl., Berlin 1954
Steindorff	Sachnormen im IPR, Frankfurt a. M. 1958
Süß	Die Anerkennung ausländischer Urteile, Festschrift Rosenberg, München — Berlin 1949, S. 229—271
—	Sitzverlegung juristischer Personen vom Inland ins Ausland und umgekehrt, Festschrift Lewald, Basel 1953, S. 603ff.
Vischer	Die rechtsvergleichenden Tatbestände im IPR, Basel 1953
—	Der Richter als Gesetzgeber im IPR, Schweizer Jahrbuch f. int. Recht 12 (1955), S. 75—102
—	Einige kritische Bemerkungen zur Praxis des BG in der Frage der Überprüfung der richtigen Anwendung der ausländischen Rechte, SchwJZ 1955, S. 33—36
—	Aufsatzbespr. Schweizer Jahrbuch f. int. Recht 12 (1955), S. 290
Vogel	Anrechnung und Abzug ausländischer Steuern, AWD 1958, S. 42—47
—	Qualifikationsfragen im Internationalen Verwaltungsrecht, AöR 484 (1959), S. 54—73
v. Wächter	Über die Collision der Privatrechtsgesetze verschiedener Staaten, AcP 24 (1841), S. 230—311; AcP 25 (1842) S. 1—60 und S. 361—419
Wahl	Das Verhältnis der anzuwendenden Statuten zueinander, RVHWB IV, Berlin 1933, S. 343f.

Walker	IPR, 5. Aufl., Wien 1934
Webb	Urteilsbespr., Mod. L. R. 19 (1956) S. 432—435
Weinkauff	Richtertum und Rechtsfindung in Deutschland, Berliner Kundgebung 1952 des Deutschen Juristentages, S. 13—34
Wengler	Die Vorfrage im IPR, ZAIP 8 (1934), S. 148—251
—	Beiträge zum Problem der Doppelbesteuerung, Berlin — Leipzig 1935
—	Die allgemeinen Rechtsgrundsätze des IPR und ihre Kollisionen, ZÖffR 23 (1943/44), S. 473—509 = Rev. crit. de dr. i. pr. 41 (1952), S. 595ff. und 42 (1953), S. 37ff.
—	Die Funktion der richterlichen Entscheidung über Internationale Rechtsverhältnisse, ZAIP 16 (1951), S. 1—31
—	Die Qualifikation der materiellen Rechtssätze im IPR, Festschrift Wolff, Tübingen 1952, S. 337—374
—	Betrachtungen über den Zusammenhang der Rechtsnormen in der Rechtsordnung und die Verschiedenheit der Rechtsordnungen, Festschrift Laun, Hamburg 1953, S. 719—743
—	Die Belegenheit von Rechten, Festschrift der jur. Fakultät der FU Berlin 1955, S. 285—352; Rev. crit. de dr. i. pr. 46 (1957), S. 185—212 und S. 409 bis 434
—	Die Beachtlichkeit des fremden Kollisionsrecht, Intern. Recht und Diplomatie 1 (1956), S. 56—74
—	Skizzen zur Lehre vom Statutenwechsel, ZAIP 23 (1958), S. 535—572
—	Buchbespr. (Lewald, Règles générales), ZfvglRW 55 (1943), S. 193—199
Westermann	Sachenrecht, 2. Aufl., Karlsruhe 1953
Wieacker	Gesetz und Richterkunst, Karlsruhe 1958
Wieczorek	ZPO, Berlin 1956ff.
Wiethölter	Einseitige Kollisionsnormen als Grundlage des IPR, Berlin 1956
—	Buchbespr. ZAIP 22 (1957), S. 741—743
—	Buchbespr. ZAIP 23 (1958), S. 183f.
Wolff	Private International Law, 2. Aufl., Oxford 1950
—	Das IPR Deutschlands, 3. Aufl., Berlin — Göttingen — Heidelberg 1954
Ziccardi	Il valore del diritto straniero nell' ordinamento nazionale, Mailand 1946
Zitelmann	IPR, München — Leipzig 1897
Zweigert	Die dritte Schule im IPR, Festschrift Raape, Hamburg 1948, S. 35—52
—	Juristische Interpretation, Studium generale 1954, S. 380—385
—	Urteilsanmerkung JZ 1959, S. 411

Besondere Abkürzungen

Die Abkürzungen sind weitgehend nach den Vorschlägen Kirchners (Abkürzungsverzeichnis der Rechtssprache, Berlin 1957) gebildet worden. Wegen der allgemein üblichen Abkürzungen wird daher auf dieses Werk verwiesen!

All. E. R.	All England Law Reports
Ch.	Chancery Division
Clunet	Journal du droit international
Fed.	Federal Reporter
Harv. L. R.	Harvard Law Review
ICLQ	International Comparative Law Quarterly
Mod. L. R.	Modern Law Review
P.	Pacific Reporter
P.	Probate Division
Rec.	Recueil des Cours professés à l'Académie de Droit International de La Haye
Rev. crit. d. dr. i. pr.	Revue critique de droit international privé
RVHWB	Rechtsvergleichendes Handwörterbuch
S. E.	South East Reporter
W. L. R.	Weekly Law Reports
ZAIP	Zeitschrift für Ausländisches u. Internationales Privatrecht (= RabelsZ)
2d	second

Vorwort

§ 1 „Die Begriffsjurisprudenz in Gestalt der Strukturforschung bereitet das Feld vor, auf dem anschließend die Interessenentscheidungen fallen. Die Strukturforschung zeigt nur die Lösungs*möglichkeiten*. *Einzel*lösungen ergibt die Interessenforschung.“ Daraus folgt die notwendige Aufgabe, „das IPR nicht nur durch Interessenforschung im Einzelfall, sondern auch durch Strukturforschung in allgemeinen Bereichen differenzierend fortzubilden“.

Mit diesen Worten Kegels[1]) ist der Sinn der vorliegenden Untersuchung über die Anpassung umschrieben. Es ist nicht Zweck dieser Arbeit, die Kasuistik zum Problem der Anpassung zu vermehren. Einmal wäre das Ziel einer erschöpfenden Behandlung aller denkbaren Anpassungsfälle unerreichbar. Die Zahl der möglichen Konstellationen ist hier „Legion“[2]). Sodann ist bereits eine zwar kleine, aber um so eindrucksvoller gestaltete Zahl von Arbeiten vorhanden, die das Anpassungsproblem an Einzelfällen, insbesondere des — angloamerikanischen[3]) sowie französischen[4]) — Erbrechts darstellen[5]). Diese Vorarbeiten sind als wertvolle Bausteine berücksichtigt worden.

Der Sinn meiner Untersuchung ist vielmehr, eine breitere dogmatische Grundlage im Rahmen der Gesamtrechtsordnung sowie eine in ebenbürtiger Weise theoretische Unanfechtbarkeit und Praktikabilität enthaltende Systematik für jene Erscheinung zu finden, welche im Schrifttum unter den Namen Angleichung, Anpassung, Adaptation, Adattamento, bisweilen unter dem Stichwort Qualifikation und Vorfrage, großenteils immer noch stiefmütterlich behandelt wird. Symptomatisch geradezu für diesen beklagenswerten Zustand sind die mageren zwei Seiten, welche das doppelbändige Handbuch Schnitzers (1957/58!) auf reichlich 1000 Seiten der Anpassungsfrage widmet[6]). Eine solche Grund-

---

[1]) Festschrift Lewald, S. 286 und 288.

[2]) Gottheiner, Diss., S. 2.

[3]) Gottheiner, ZAIP 21, S. 36ff. sowie Diss.; Firsching, DNotZ 1959, S. 354 bis 373.

[4]) Mezger, JZ 1956, S. 307ff.

[5]) Neuner, Der Sinn; Raape, Rec. 1934 IV, S. 496ff.; Lewald, Rec. 1939 III, S. 126ff.; Cansacchi, Scelta, S. 218ff. sowie Rec. 1953 II, S. 111ff.; Vischer, Rechtsvergleichende Tatbestände, §§ 5, 6 und 9; Betti, Problematica, S. 299—335.

[6]) Die löblichen Ausnahmen seien hier nur am Rande vermerkt, weil sie später ausführlich dargestellt werden: Kegels Kommentierungen des Soergelschen Kommentars sowie Raapes Lehrbuch enthalten eine Fülle von Anpassungsfällen. Von Raape würde ich mir mitunter (z. B. S. 319 oben, S. 485 Mitte, S. 560 Mitte) noch konkretere Lösungsvorschläge wünschen, obgleich ich nicht übersehe, daß gerade

legung bedingt natürlich auch eine interessenwägende Einzelfallanalyse, sei es illustrandi causa, sei es als Prüfstein oder Stütze eines gewonnenen Prinzips. Insofern könnte diese Untersuchung einen bescheidenen Beitrag leisten zur Versöhnung der systematischen mit der empirisch-analytischen Methode der internationalprivatrechtlichen Wissenschaft[1]). Aber der Einzelfall ist nicht Selbstzweck, sondern dient nur der „Durchblutung" der methodologischen Erkenntnisse, die diese Arbeit zu gewinnen sucht.

Man hat zwar die Möglichkeit in Abrede gestellt, die unzählbaren Fälle von Harmoniestörungen zu erfassen und zu klassifizieren: Jedenfalls sei es ausgeschlossen, dem Richter oder irgendeiner anderen rechtsanwendenden Stelle auch nur eine allgemeingültige Regel beim Lösen der durch die Anpassungsfrage aufgeworfenen Schwierigkeiten an die Hand zu geben[2]). Diese pessimistische Ansicht hat Cansacchi[3]) mit Recht zurückgewiesen. Es trifft allerdings zu, daß die Anpassung selbst bereits eine Ausnahmeerscheinung darstellt; und es leuchtet ein, daß sich in Anbetracht dessen eine gewisse Skepsis gegenüber den Regeln breit macht, welche diese Ausnahmesituation meistern helfen sollen. Dennoch ist es keinesfalls unmöglich, Ausnahmen auf ihre Eigengesetzlichkeiten hin zu erforschen, sie mit der nötigen Beweglichkeit[4]) in Regeln einzufangen und aus den Ergebnissen Richtlinien[5]) zur Lösung solcher Schwierigkeiten aufzuzeigen. Unverbrüchliche Regeln „der" Lösung von Problemen kennt die Rechtswissenschaft auch sonst nicht; immer steht das „Hintertürchen" der Ausnahmenorm offen. Aber innerhalb des aufgezeigten Rahmens läßt sich mit Fingerspitzengefühl manche Eigengesetzlichkeit der Anpassungsvorgänge aufzeigen und für die denkende — nicht nur für die gefühlsmäßige — Rechtsanwendung nutzbar machen.

Raapes Kommentierungen im Staudinger — allerdings ohne Hinweis — eine Vielzahl von Anpassungsschwierigkeiten aufzeigen und meistern. Das Lehrbuch Kegels entfaltet die schwierige Problematik und entwickelt erstmals in systematischem Zusammenhang völlig eigene Lösungen.

[1]) Batiffol, Rec. 1948 I, S. 54ff.

[2]) Vischer, Rechtsvergleichende Tatbestände, S. 126; auch Gottheiner äußert sich sehr vorsichtig (Diss., S. 3f.).

[3]) Rec. 1953 II, S. 116.

[4]) Nichts anderes meint Raape (Lehrbuch, § 14 III = S. 101) mit „das Schema meiden".

[5]) Wieacker spricht von „Problemlösungsvorschlägen" (Gesetz und Richterkunst, S. 14). „Sie sind zwar nicht starr, aber auch nicht willkürlich oder auch nur subjektiv" (S. 12. a. O.).

Erster Hauptteil

Das Problem und seine Behandlung in der Wissenschaft

A. Die Idee von der Einheit der Rechtsordnung und ihre Gefährdung durch die Anwendung mehrerer Rechtssysteme auf einen Sachverhalt

§ 2 Jede Rechtsordnung setzt sich aus den gesamten geschriebenen wie ungeschriebenen Regeln zusammen, nach denen sich für die Rechtsunterworfenen eine verbindliche Wertverwirklichung innerhalb dieser Gemeinschaft vollzieht. Diese Wertverwirklichung muß lückenlos und widerspruchslos erfolgen, andernfalls würden die rechtlich umkleideten Werte selbst beeinträchtigt. Aus diesem Grund hat die Rechtslehre das Dogma von der Einheit der Rechtsordnung aufgestellt[1]). Einheit der Rechtsordnung besagt: Lückenlosigkeit und Widerspruchsfreiheit[2]) des Rechtssystems! Dabei ist es zwar allgemein[3]) anerkannt, daß es sich nicht um eine vorgegebene, gewissermaßen ontologische Notwendigkeit handelt. Die Praxis des Juristen beweist, daß er täglich auf Lücken und Widersprüche im Rechtssystem stößt[4]). Der Wert des Satzes von der Einheit — Widerspruchsfreiheit und Geschlossenheit — der Rechtsordnung liegt vielmehr darin, daß er eine „regulative Idee"[5]) verkörpert, gleichsam das Grundpostulat[6]) enthält, Rechtsanwendung im Dienste der Gerechtigkeit zu betreiben durch Überbrückung von Lücken und Vermeidung von Widersprüchen.

Insofern handelt es sich der wertbezogenen Zielrichtung wegen bei der Idee von einer Einheit jeder Rechtsordnung um etwas anderes als „das Produkt ganz bestimmter juristischer Methoden"[7]). Es liegt kein bloßer — rechtshistorischer — Parallelfall zu den bekannten Praktiken vor, die einzelnen Sätze der Bibel oder des Corpus iuris zu einem widerspruchsfreien Ganzen zusammenzufügen. Das Anpassungsproblem besteht nicht

---

[1]) Aus neuester Zeit: Coing, JZ 1951, S. 485; Betti, Problematica, S. 319; Wieacker, Gesetz u. Richterkunst, S. 6; Nipperdey, DVBl. 1958, S. 447; Arndt, DÖV 1959, S. 82; Geiger, Grundrechte, S. 59.

[2]) Engisch (Einführung, S. 134 und 156) stellt das Prinzip der Geschlossenheit einer Rechtsordnung neben die Einheit der Rechtsordnung; in letztere nimmt er nur die Widerspruchsfreiheit auf. Noch anders Kegel (Lehrbuch, S. 17), welcher die Widerspruchsfreiheit als Oberbegriff verstanden wissen möchte.

[3]) Raape, Rec. 1934 IV, S. 496; Engisch, Einheit, S. 3 und Einführung S. 156.

[4]) Über die verfahrensrechtliche Behebung solcher Schwierigkeiten vgl. Schröder, NJW 1959, S. 1517—1521.

[5]) Engisch, Einheit, S. 3; Weinkauff, Richtertum, S. 23.

[6]) Wieacker, Gesetz und Richterkunst, S. 6.

[7]) Engisch (Einheit, S. 3) erwägt dies lediglich, anscheinend im Hinblick auf die Scholastik und das letztlich in ihr verwurzelte Begriffsdenken.

aus *Schein*widersprüchen. Vielmehr werden handfeste Gegensätze um einer materiellen Gerechtigkeit willen durch eine Abwandlung der Normen beseitigt. Die Verwirklichung dieses Postulats nach Einheit der Rechtsordnung wird durch die teilweise Anwendung mehrerer „Rechtsordnungen" auf einen Lebenssachverhalt gefährdet[1]). Eine solche Teilanwendung verschiedener Rechtssysteme auf einen Fall ist in verschiedener Weise denkbar:

Sie kann rein innerstaatlich vonstatten gehen, mag aus zwischenstaatlichen Rücksichten bedingt sein oder ist zwischen staatlicher und nichtstaatlicher Sphäre möglich.

I. Die innerstaatliche Teilanwendung mehrerer Rechtssysteme

§ 3 Innerstaatlich kann die Lösung eines Falles von mehreren interlokalen, intertemporalen, interpersonalen oder interrealen Rechtssystemen beansprucht werden[2]). Dagegen vermag ich ein „Rang-Kollisionsrecht"[3]) nicht als selbständige Ursache für eine zur Anpassung führende Harmoniestörung anzuerkennen. Einmal beruhen auch die durch das IPR hervorgerufenen Reibungen bzw. Lücken — notwendigerweise — sowie die Störungen im interlokalen, interpersonalen, intertemporalen oder interrealen Recht — möglicherweise — auf einer Konkurrenz der normenerzeugenden Rechtsquellen. Deswegen könnte man die Harmoniestörungen durchaus unter dem Gesichtspunkt zusammenfassen, ob sie etwa durch konkurrierende Rechtsquellen auf gleicher, höherer bzw. tieferer oder gar auf unvergleichbarer Ebene verursacht worden sind. Störungen im IPR wären danach auf gleicher Ebene, solche im interrealen Recht vielleicht auf höherer und tieferer Ebene[4]), solche zwischen staatlichem und kirchlichem Recht dagegen auf inkommensurabler Stufe verursacht.

Insofern dürfte der „Rechtsquellen- oder Rangkollision" ein Einteilungsmaßstab zugrunde liegen, welcher quer durch die übrigen Gruppen hindurchgeht. Sodann kommt es in diesen Fällen schon von Gesetzes wegen gar nicht zu einer Harmoniestörung und folgeweise auch nicht zu einer Anpassung, weil bereits Normen vorhanden sind, seien sie geschrieben[5]) oder ungeschrieben[6]), die die konkurrierenden Vorschriften in ein bestimmtes Verhältnis zueinander setzen. Die einzig verbleibende praktische Schwierigkeit besteht darin, dieses Verhältnis — im Wege der Auslegung der einzelnen Bestimmungen — festzustellen. Theoretisch

---

[1]) Raape, Rec. 1934 IV, S. 496; Engisch, Einheit, S. 27 (in Anm. 3 von S. 26). Neuerdings v. Schwind, ZAIP 23, S. 456/57.

[2]) Kegel, Lehrbuch, S. 12—19.

[3]) Kegel, Lehrbuch, S. 16/17.

[4]) Vgl. Art. 25, 31 BGG; §§ 30 PVG NRW, 31 OBG NRW!

[5]) Vgl. die vorige Anmerkung!

[6]) Das jüngere Gesetz geht vor; das spezielle Gesetz geht vor; das ältere Spezialgesetz wird von dem jüngeren allgemeinen Gesetz nicht ohne weiteres verdrängt usf. (Nipperdey, Allg. Teil I, §§ 13 III, 35 II, 60 II).

kann es jedoch nicht zu einer Kollision kommen, wie das bei den übrigen zu behandelnden Fallgruppen unvermeidbar ist.

§ 4 1. Eine Harmoniestörung interlokaler Art zeigt sich in folgendem Beispiel[1]): Eine Mutter und ihr uneheliches Kind leben in der DDR. Später bringt die Mutter das Kind nach Westberlin, in der Absicht, es dort auf unbestimmte Zeit der Pflege seiner Großeltern zu überlassen. Die uneheliche Mutter behält nach ostzonalem Recht die volle elterliche Gewalt über ihr Kind, bis dieses das 18. Lebensjahr vollendet hat[2]). Da das Kind aber seinen gewöhnlichen Aufenthalt im westdeutschen Rechtspflegegebiet hat, bleibt es gemäß Art. 7 I EGBGB auch nach Vollendung des 18. Lebensjahres minderjährig[3]). Art. 7 II EGBGB ist in diesem Fall nicht mit der Wirkung anwendbar, daß ein ostzonal volljährig Gewordener diesen Status in der Bundesrepublik behält[4]), weil das uneheliche Kind schon vor Erreichung des 18. Lebensjahres seinen gewöhnlichen Aufenthalt in Westdeutschland genommen hatte.

Aus diesem „Zusammenspiel" ostzonalen und westdeutschen Rechts ergibt sich die ungereimte Folge, daß ein minderjähriges Kind frei von elterlicher Gewalt lebt. Hier muß nun die Anpassung insoweit helfen, als zu klären ist, ob dem Kind gemäß § 1773 BGB ein Vormund zu bestellen ist oder ob es etwa nach § 35 JWG eo ipso unter Amtsvormundschaft steht (Art. 23 EGBGB). Weder Absatz I noch Absatz III des § 35 JWG treffen den beschriebenen Fall genau:

Absatz I läßt die Amtsvormundschaft mit der Geburt, Absatz III mit der Begründung des gewöhnlichen[5]) Aufenthalts im westdeutschen Rechtspflegegebiet eintreten. Hier war aber das uneheliche Kind bereits geboren und hatte bei Vollendung des 18. Lebensjahres seinen gewöhnlichen Aufenthalt seit Jahren in Westberlin. Schließt diese Besonderheit die Anwendung des § 35 JWG aus?

Für eine Vormundbestellung nach § 1773 BGB spricht, daß in derselben Weise verfahren werden müßte, wenn eine „westdeutsche" uneheliche Mutter, die auf Grund des § 40 JWG zum Einzelvormund ihres Kindes bestellt worden war, die elterliche Gewalt verliert. Dagegen läßt sich für den Eintritt einer automatischen Amtsvormundschaft anführen, daß die „ostzonale" Mutter quasi gesetzlicher Vormund[6]) ihres Kindes war, und bei Anwendung des § 35 JWG diese gesetzliche Vormundschaft ohne Unterbrechung fortgeführt wird. Die letzte Lösung, die m. E. dem Interesse des Kindes an einer kontinuierlichen Vertretung mehr entgegenkommt[7])

---

1) Auf das Meyer (FamRZ 1957, S. 429f.) im Anschluß an eine Entscheidung des KG Berlin (FamRZ 1957, S. 383f.) aufmerksam macht.

2) KG, FamRZ 1957, S. 383; Soergel, Art. 20 V 1 = S. 217.

3) Soergel, Art. 7 V = S. 95.

4) BVerfG, FamRZ 1956, S. 217.

5) Riedel, JWG, § 35 Anm. 8.

6) Soergel (Art. 20 II 1 = S. 214) will in diesem Fall Art. 20 EGBGB vor Art. 23 EGBGB anwenden. Allein das hilft hier nicht weiter.

7) Ebenso Meyer, FamRZ 1957, S. 430 linke Sp. oben — allerdings ohne nähere Begründung.

und ihm kraft Gesetzes gibt, was es ihm zuvor kraft Gesetzes nahm, besteht also in einer entsprechenden Anwendung des in § 35 JWG niedergelegten Rechtsgedankens. Hier zeigt sich bereits, daß die Anpassungsschwierigkeit durch einen Schluß aus der Ähnlichkeit der Interessenlage gelöst wurde. Damit taucht sogleich die Frage auf, die später[1]) beantwortet werden soll, inwieweit hier ein über das allgemeine Analogieproblem hinausgehendes spezielles Anpassungsproblem übrigbleibt. An dieser Stelle genüge der Hinweis, daß die Notwendigkeit dieses Analogieschlusses lediglich in seiner besonderen Verursachung durch eine Doppel- oder gar Mehrfachregelung eines Lebenskomplexes durch nicht harmonisch aufeinander abgestimmte Rechtssysteme wurzelt.

§ 5 2. Beispiele interpersonaler Harmoniestörungen sind im deutschen Recht schwer vorstellbar. Vielleicht kann man eine Entscheidung des BGH[2]) in diesem Zusammenhang erwähnen, in welcher es um die Anwendung bestimmter Handelsbräuche bei einem Rechtsgeschäft zwischen Kaufmann (Filmvermittler) und Nichtkaufmann (nichteingetragener Filmproduzent) ging. Eine gewisse — entfernte — Ähnlichkeit zu den Situationen in fremden Rechtskreisen, wo sich an einem Rechtsgeschäft Angehörige mit verschiedenem rechtlichem Status gegenüberstehen, läßt sich nicht leugnen. Derret[3]) erwähnt Adoptionen im Hindurecht, bei denen ein Angehöriger einer höheren Kaste ein Kind aus einer niederen Kaste annimmt und sich daraus Schwierigkeiten ergeben, daß die Wirkungen einer solchen Adoption, jeweils nach dem Recht einer Kaste betrachtet, voneinander abweichen. „The Datt. Kaumudi (= ein Regionalgesetzbuch) took the view . . . , that a non — caste son could be adopted, but for continuation of the lineage only, and therefore imperfectly. A non — caste dattaka (= the standing of the 'given son')[4]) would have no right of inheritance beyond maintenance . . .“[5]).

§ 6 3. Es erübrigt sich, an dieser Stelle nähere Ausführungen über intertemporale Harmoniestörungen und ihre Regelung zu machen. Das EGBGB enthält in den Art. 153ff. eine Vielzahl augenfälliger Beispiele, welche teilweise auch zur Lösung internationalprivatrechtlicher Anpassungsschwierigkeiten herangezogen werden können. Ich erwähne nur Art. 184 EGBGB, nach dem vor 1900 entstandene Sachenrechte mit „altem“ Inhalt und Rang bestehenbleiben und sich auch gegen den sog. numerus clausus durchsetzen[6]).

---

[1]) § 32.

[2]) NJW 1952, S. 257. Ein Beispiel aus früherer Zeit enthält auch RGZ 12, 235, 238 (Scheidung konfessionell gemischter Ehen).

[3]) ZfvglRW 60, S. 66f.

[4]) So die Erklärung auf S. 42 a. a. O.

[5]) Derret, a. a. O., S. 67 Anm. 151. Über die Anpassungsfragen zwischen Adoptions- und Erbrecht wird später zu reden sein (§§ 9, 33); vgl. auch Lüderitz, Kumulation, § 115!

[6]) Dazu Staudinger-Gramm, Art. 184 Randnote 5 und § 52 dieser Arbeit.

§ 7 4. Daß es schließlich auch Harmoniestörungen zwischen mehreren in sich geschlossenen Rechtsmaterien eines „Rechtserzeugungssystems" im Sinne Wenglers[1]) geben kann, hat erst kürzlich der Große Senat des BAG[2]) mit Prägnanz festgestellt:

„Die Vorschriften der RVO und die Regeln des bürgerlichen Rechts und Arbeitsrechts greifen nicht immer reibungslos ineinander ... Beim Arbeitsunfall, den ein Arbeitskamerad des Verletzten bei gefahrengeneigter Arbeit fahrlässig verursacht hat, geraten nun aber die dargelegten Prinzipien, nämlich die Haftungsgrundsätze der RVO und des Arbeitsrechts, in einen scharfen Widerspruch ... Wie auch immer der Richter diesen sich aus dem Nebeneinander von bürgerlichem Recht, Arbeitsrecht und Sozialversicherungsrecht ergebenden Schwierigkeiten begegnen will, stets würde er gegen Grundsätze des geltenden Rechts — jedenfalls in ihrem bisher verstandenen Sinn — verstoßen. Die Lösung kann also ... nur durch richterliche Fortentwicklung des Rechts ... gefunden werden."

Die Regeln für die Bereinigung derartiger Normenkollisionen hat Kegel[3]) „interreales Kollisionsrecht" genannt.

II. Die zwischenstaatliche Teilanwendung mehrerer Rechtssysteme

§ 8 Bei sog. Fällen mit Auslandsberührung passiert es nicht selten, daß ein einheitlicher Lebensvorgang von mehreren staatlichen Rechtsordnungen gleichzeitig, aber in einem nicht miteinander zu vereinbarenden Sinn geregelt wird. Zwei Möglichkeiten sind hier scharf zu unterscheiden: Einmal wird vom Blickpunkt unserer deutschen Rechtsordnung aus, d. h. insbesondere nach deutschem Kollisionsrecht aus zwischenstaatlichen Rücksichten ein Lebenssachverhalt zugleich von mehreren Ausschnitten verschiedener staatlicher Rechtsordnungen je teilweise erfaßt und geregelt. Sodann kann man vom Standpunkt gewissermaßen eines übernationalen Beobachters aus feststellen, daß verschiedene Staaten ohne Rücksicht auf andere Rechtsordnungen einen Fall je ganz rechtlich abweichend beurteilen. Diese beiden Möglichkeiten sind besonders im Hinblick auf die Notwendigkeit oder auch nur Zulässigkeit einer Anpassung genau auseinanderzuhalten.

§ 9 1. In jener Alternative beruhen also die möglichen Harmoniestörungen darauf, daß unser Kollisionsrecht mehr als eine Rechtsordnung zur Lösung eines Falles herbeiruft. Die Rechtfertigung für diese Tatsache findet sich in folgender Erwägung:

Wer in Deutschland einen Rechtsstreit zu beurteilen hat, wird seinen Überlegungen regelmäßig das materielle deutsche Recht zugrunde legen. Ausnahmsweise wird der befaßte Richter oder die betreffende Verwaltungsstelle ein ausländisches Recht zur Grundlage einer Entscheidung

---

1) Festschrift Laun, S. 730.

2) NJW 1958, S. 235ff.

3) Lehrbuch, S. 17: Mitunter übersetzt er auch in „sachliches" Kollisionsrecht.

machen, wenn die den Rechtsstreit verursachenden Geschehnisse sich (nur) in einem fremden Staat oder in Beziehung zu einem fremden Staat ereignet haben. Hat sich der zum Streit Anlaß gebende Sachverhalt teilweise in Deutschland, teilweise im Ausland abgespielt, so wird der Streit möglicherweise nach deutschem und ausländischem Recht entschieden. Rechtsnormen verschiedener Rechtsordnungen kommen entsprechend dann zur Anwendung, wenn das tatsächliche Substrat des in Deutschland zu beurteilenden Rechtsverhältnisses sich in Beziehung zu mehreren fremden Staaten verwirklichte.

Wenn nun ein Lebenssachverhalt nur von einer Rechtsordnung geregelt wird, so gibt es kein Anpassungsproblem; jedenfalls nicht in dem hier allein interessierenden Sinn der zwischenstaatlich verursachten Harmoniestörung. Dies gilt demnach für den oben zuerst gekennzeichneten Fall mit ausschließlicher Binnenbeziehung, auf den nur deutsches Recht anwendbar ist. Der zweite Fall, daß etwa der deutsche Richter einen streitigen Sachverhalt nur nach einem ausländischen Recht beurteilt, steht dem ersten nicht unbedingt gleich. Denn wird auch das materielle Ergebnis nach den fremden und nur nach den fremden Rechtsnormen geregelt, so muß möglicherweise dennoch berücksichtigt werden, daß die materiellrechtlich „fremde" Entscheidung nach deutschen Verfahrensregeln gefunden wurde. Also werden hier zur Entscheidung eines Lebenssachverhaltes doch zwei Rechtsordnungen ausschnittweise angewendet. Daraus können sich in gleicher Weise Anpassungsfragen ergeben, wie im dritten und vierten Fall, wo deutsches mit ausländischem oder ausländisches mit anderem ausländischem Recht zur Regelung eines Falles berufen ist.

Dieses möchte ich jetzt an einigen ausführlicher gehaltenen Beispielen belegen. Sie werden vorerst auch den Wirkungsbereich und die Wirkungsmöglichkeiten der Anpassung andeuten. Ich benutze dazu absichtlich im Schrifttum bereits vorgetragene oder von den Gerichten entschiedene Fälle. Die Zusammenstellung mag dem unbefangenen Leser etwas willkürlich erscheinen; sie ist jedoch bereits im Hinblick auf die Ausführungen im zweiten Hauptteil vorgenommen worden.

Eine schweizerische Witwe heiratet einen Italiener, wodurch sie die italienische Staatsangehörigkeit erwirbt[1]). Ein deutsches Gericht soll entscheiden, ob die Frau die elterliche Gewalt über ihre minderjährigen erstehelichen Kinder ausübt, insbesondere ob sie deren Vermögen verwalten darf[2]).

Nach Art. 19 S. 1 EGBGB — ebenso wie nach schweizerischem und italienischem Kollisionsrecht[3]) — werden die Rechtsbeziehungen zwischen Mutter und Kindern vor der Eheschließung nach schweizerischem Pri-

---

[1]) Art. 10 II 1 des italienischen Gesetzes vom 13. 6. 1912.

[2]) Vgl. Clunet 1932, S. 1151; Lewald, Rec. 1939 III, S. 137—39; Cansacchi, Rec. 1953 II, S. 131; Vischer, Rechtsvergleichende Tatbestände, S. 131.

[3]) Vischer, wie die vorige Anm.

vatrecht[1]), nachher gemäß italienischem Privatrecht geregelt. Art. 19 S. 2 EGBGB ist selbst dann unanwendbar, wenn die minderjährigen Kinder Staatsangehörige der Schweiz geblieben wären[2]).

Art. 286 ZGB beläßt der Witwe auch nach ihrer Wiederverehelichung grundsätzlich die elterliche Gewalt. Falls die Interessen des Kindes es jedoch erfordern, kann ihnen ein Vormund bestellt werden. Das Schweizer Recht hält also die Witwe regelmäßig auch nach ihrer erneuten Verheiratung für imstande, ihre erstehelichen Kinder zu erziehen, sie zu vertreten sowie ihr Vermögen zu verwalten. Nur ausnahmsweise läßt es gleichsam korrigierend — repressiv eine Vormundbestellung zu, falls sich nach der Eheschließung zeigt, daß die Interessen der Kinder von der Mutter nicht im erforderlichen Maße wahrgenommen werden.

Das italienische Recht dagegen beschreitet gewissermaßen einen präventiven Weg: Wenn eine Witwe heiraten will, muß sie zuvor das Gericht benachrichtigen, welches gewisse Erziehungsmaßregeln zum Schutze der Kinder anordnen kann, und beschließt, ob der Frau die Vermögensverwaltung bleiben soll (Art. 340 I c. c. it.). „Vorbeugen geht vor Kurieren": Versäumt die Witwe, das Gericht anzurufen, so verliert sie eo ipso mit der Wiederheirat ihre elterlichen Befugnisse (Art. 340 II c. c. it.). In diesem Fall muß das Gericht nachträglich entscheiden, ob es den kraft Gesetzes eingetretenen Verlust der elterlichen Gewalt bestätigt oder der Frau erneut ihre Rechte verleiht (Art. 340 III c. c. it.).

Das Anpassungsproblem ergibt sich aus folgendem: Beide Rechtsordnungen wollen berücksichtigen, daß eine wiederverehelichte Witwe in Konfliktssituationen geraten kann, welche das erzieherische Wohl und die Vermögensinteressen der erstehelichen Kinder gefährden würden. Die Intention des schweizerischen Rechts, das sich hier Abhilfe nach der Eheschließung vorbehält, wird nicht verwirklicht, weil zu dieser Zeit Art. 286 ZGB nicht mehr anwendbar ist. Erwägenswert bliebe allerdings die Frage, ob Art. 286 ZGB nicht über die Brücke des Vormundschaftsstatuts Anwendung finden könnte, sofern nämlich die erstehelichen Kinder Staatsangehörige der Schweiz geblieben sind (Art. 23 EGBGB)[3]). Aber Art. 23 EGBGB löst das Problem nicht:

Zunächst sei hier nur angedeutet, daß das Verhältnis zwischen elterlichem Gewaltstatut und Vormundschaftsstatut möglicherweise auch nur mit Hilfe einer Anpassung geklärt werden kann[4]). Die Anpassungsschwierigkeit würde daher allenfalls von der materiellrechtlichen Ebene verschoben, wovon erst später zu reden sein wird. Außerdem kann die Vormundschaft nach Art. 23 EGBGB mit Art. 286 ZGB nur angeordnet werden, wenn die Kinder nicht unter der elterlichen Gewalt ihrer Mutter stehen; diese Vorfrage soll jedoch erst im Wege der Anpassung

[1]) Soergel, Art. 19 I 2 = S. 203.
[2]) Soergel, Art. 19 I 3 = S. 204; Art. 12 I 1 des italienischen Gesetzes vom 13. 6. 1912.
[3]) Raape, Lehrbuch, § 37 = S. 377.
[4]) Raape, Lehrbuch, § 37 III = S. 382.

beantwortet werden. Somit bleibt es dabei, daß die korrektiven Maßnahmen des schweizerischen Rechts gleichsam ins Leere stoßen.

Doch ebenso ergeht es den vorbeugenden Maßnahmen des italienischen Rechts:

Wie soll die Witwe das italienische Gericht anrufen, da sie noch unter Schweizer Recht steht? Das Ergebnis dieser unglücklichen Verkettung schweizerischen und italienischen Rechts darf jedenfalls nicht sein, daß die Witwe ihre elterlichen Rechte auf ewig verliert oder unantastbar behält

Die Literatur[1]) ist sich über die Lösung einig:

Die Witwe soll zunächst die elterliche Gewalt behalten; Art. 340 II c. c. it. sei nicht anzuwenden, weil die Frau ja rechtlich keine Möglichkeit gehabt habe, vor ihrer Heirat das italienische Gericht anzurufen. Die Anpassung sei im materiellen italienischen Recht dergestalt vorzunehmen, daß das demnächst beschließende Gericht auch den Entzug des Verwaltungsrechts usf. anordnen könne, statt über die Aufrechterhaltung des ex lege erfolgten Verlustes der Elternrechte zu befinden. Diese Lösung befriedigt das Gerechtigkeitsgefühl. Ich möchte aber behaupten, dasselbe Ergebnis würde sich hier auch erreichen lassen, ohne dem Gericht eine gesetzlich nicht vorgesehene Befugnis einzuräumen. Auszugehen ist davon, daß nach Art. 340 II c. c. it. die Witwe ihre Rechte verliert, ohne Rücksicht darauf, ob ihr Unterlassen schuldhaft war oder nicht[2]). Darum möchte ich annehmen, daß auch unsere Schweizerin zunächst die elterlichen Rechte verliert. Daß sie jedoch keine Möglichkeit hatte, diesen Verlust zu vermeiden, wird das Gericht gebührend berücksichtigen, wenn es über die Bestätigung oder Aufhebung des eingetretenen Verlustes zu befinden hat.

Es sollte selbstverständlich sein, daß die Frau ihre Rechte wieder erhält, falls sie im übrigen dazu geeignet erscheint. Der Vorzug dieser Lösung scheint mir darin zu liegen, daß eine Veränderung des italienischen Rechts vermieden wird. Zwar will ich nicht bestreiten, daß dieBefugnis, über die Fortdauer eines Rechtsverlustes zu entscheiden, auch die Befugnis enthalten kann, diesen Rechtsverlust anzuordnen; auch ist es gerade ein Wesensmerkmal der Anpassung, daß sie Rechtsnormen ad hoc abwandelt. Aber es wird später noch darzulegen sein, daß diese Anwandlungen möglichst gering zu halten sind: Wo sich im Ergebnis ein gleichermaßen gerechtes Resultat ohne Anpassung erreichen läßt, ist eine Normabwandlung zu vermeiden.

Eine deutsche Fabrikantentochter lernt 1956 während eines Winterurlaubs einen Schweizer kennen; schon nach kurzer Zeit heiratet

---

[1]) Vgl. Anm. 2 auf S. 22!

[2]) Dies glaube ich dem Commentario von D'Amelio (Art. 338 Note 2) entnehmen zu können, obwohl auch er in der Note 4 a. a. O. hinsichtlich der Anpassung der geschilderten herrschenden Meinung folgt.

sie[1]) den reichen Bürger aus Glarus. Der Hochzeitstag wird noch in überschäumender Zuneigung verbracht: Der Ehemann beschenkt seine Frau mit einer wertvollen Bibliothek alter Meister, während sie sich mit einem Rolls-Royce revanchiert. Die allzu finanziell betonte Atmosphäre beider Familien wirkt rasch abkühlend. In der nächsten „Saison" lernt der lebenslustige Schweizer eine noch charmantere Fränzösin kennen. Um sich seiner lästigen Ehefesseln zu entledigen, klagt er nun in Deutschland auf Scheidung. Auf die Widerklage der Frau wird die Ehe wegen Alleinverschuldens des Mannes aus § 42 EheG geschieden. Kann der Mann seine Schenkung an die Frau widerrufen?

Die sog. Nebenwirkungen der Scheidung bestimmen sich nach dem Scheidungsstatut[2]). Der Mann beruft sich gemäß Art. 17 I EGBGB auf das Recht von Glarus[3]), nach welchem jeder der geschiedenen Ehegatten die dem anderen gemachten Geschenke zurückerhält. Die Frau möchte zwar nach Art. 17 III EGBGB in Verbindung mit § 73 EheG ihren Rolls-Royce zurück haben, meint jedoch, als nichtschuldiger Teil sei sie zu einer Rückgabe der Bibliothek nicht verpflichtet. Dieser Fall enthält kein Anpassungsproblem: Die Ehe wurde nur nach deutschem Recht geschieden, also ist Scheidungsstatut (Art. 17 III EGBGB) auch für die Nebenfolgen nur das deutsche Recht. § 73 EheG gilt!

Wie aber, wenn auf Klage und Widerklage die Ehe sowohl nach schweizerischem und deutschem Recht wegen beiderseitigen Verschuldens geschieden wurde? Kann kein Ehegatte seine Schenkung widerrufen (Art. 17 III EGBGB mit § 73 EheG)? Kann nur der Mann die Bibliothek zurückfordern (Art. 17 I EGBGB und das Recht von Glarus?) Oder können beide Ehegatten widerrufen? Die herrschende Meinung[4]) entnimmt die Nebenfolgen der Scheidung hier einheitlich und ausschließlich dem nach Art. 17 III EGBGB maßgebenden deutschen Recht.

Diese Lösung erscheint mir recht grob: Man müßte m. E. erwägen, gemäß Art. 17 I EGBGB und 17 III EGBGB das schweizerische Widerrufsrecht mit dem deutschen derart zu „verschmelzen[5])", daß in dem geschilderten Scheidungsfall beide Ehegatten ihre Geschenke wiedererhalten. Der Vorwurf, auf diese Weise werde eine Norm „zusammengekittet", die in Wahrheit nirgends gelte[6]), wiegt in dieser Lage nicht schwer: Das Recht von Glarus kennt eine unbeschränkte Widerrufsmöglichkeit; die herrschende Meinung belastet den Schweizer Gatten zu stark, indem sie ihm diese nimmt. Denn wäre der Mann wegen Allein-

[1]) Wegen der Staatsangehörigkeit vgl. Art. 117 I, 3 II BGG: § 17 Ziff. 6 RuStAG gilt nicht mehr.

[2]) Raape, Lehrbuch, § 30 C = S. 302.

[3]) Leske-Loewenfeld IV, S. 217.

[4]) Soergel, Art. 17 IV 1 b, aa = S. 186; Raape, Lehrbuch, § 30 A III 8 = S. 283.

[5]) Über die Verschmelzung kumulierter Rechtsvorschriften zu einer neuen, hypothetischen Norm vgl. Wengler, ZÖffR 23, S. 496!

[6]) Dölle, Jahrbuch, S. 49.

verschuldens nur nach Schweizer Recht geschieden worden, so könnte er die Bibliothek zurückverlangen. Wird er dagegen bloß wegen Mitverschuldens auch nach deutschem Recht geschieden, so bringt ihn die herrschende Meinung um dieses Recht. Da das deutsche Eherecht im Grundsatz ein Widerrufsrecht bejaht, dürfte der Schrecken vor dem irrealen Recht kaum entstehen. Um dem Schweizer Ehegatten Recht zu tun, sollte man der deutschen Ehefrau getrost die Gnade zuteil werden lassen, abweichend vom Wortlaut des § 73 EheG ihre Geschenke auch bei Mitverschulden zurückverlangen zu dürfen.

Die Lösung der herrschenden Meinung, sofort einem Kollisionsrecht auf Kosten des anderen völlig den Vorzug zu geben, ist auch methodisch nicht ungefährlich. Sie schlägt vorzeitig sämtliche Türen zu etwaigen materiellrechtlichen Lösungen zu und nimmt in nicht immer interessengemäßer Weise mit dem deutschen Recht vorlieb. Sie gibt sich zwar den Anschein einer abstrakten Regel; es genügt jedoch durchaus, eine konkrete Lösung zu finden, ohne sich bereits für jeden zukünftigen Fall die Hände zu binden[1]).

Im Jahre 1926 adoptierte das Ehepaar Wilby in Übereinstimmung mit dem Recht von Burma die zweijährige Tochter der Eheleute Skinner. Alle Beteiligten hatten ihr Domizil in Burma. Erst 1933 siedelten Wilbys mit ihrem Adoptivkind nach England über, wo sie ein neues Domizil begründeten. Beim Tode der Adoptivtochter Skinner-Wilby im Jahre 1954 waren die Eheleute Skinner und Herr Wilby bereits vorverstorben. Die Adoptivmutter Wilby und die natürlichen Geschwister der Adoptivtochter aus der Ehe Skinner stritten um den Nachlaß, der nur aus „personalty" bestand, vor einem englischen Gericht[2]).

Ob die Adoptivmutter die Adoptivtochter beerbt, bestimmt sich gemäß englischem Kollisionsrecht nach s. 13 des Adoption Act von 1950. Abs. 1 lautet:

> „Where, at any time after the making of an adoption order, the adopter or the adopted person or any other person dies intestate in respect of any real or personal property . . . , that property shall devolve in all respects as if the adopted person were the child of the adopter born in lawful wedlock and were not the child of any other person."

Absatz 4 besagt:

> „The references in this section to an adoption order include references to an order authorizing an adoption made after the commencement of this Act under the Adoption of Children Act (Northern Ireland), 1929, or any enactment of the Parliament of Northern Ireland fore the time being in fore."

---

1) So treffend Wengler, Festschrift Wolff, S. 365f.

2) Re Wilby (1956), P. 174; (1956) 1 All. E. R. 27; (1956) 2 W. L. R. 262. Vgl. neuestens Re Marshall, (1957) Ch. 263; (1957) 1 All. E. R. 549; (1957) 2 W. L. R. 439 und nochmals in (1957) Ch. 507!

Justice Barnard entschied gegen die Adoptivmutter: s. 13 (1) des Adoption Act beziehe sich nur auf Adoptionen, die in England, Schottland oder Nordirland vorgenommen worden seien; dies ergebe ein Umkehrschluß aus s. 13 (4), der ausdrücklich nur nordirische Adoptionen unter s. 13 (1) stelle, nicht aber andere fremdländische Adoptionen. Die Adoption sei obendrein nach Voraussetzungen und Wirkungen in den verschiedenen Staaten derart vielgestaltig geregelt, daß es dem englischen Richter nicht zuzumuten sei, zu prüfen, „how close the law of adoption in such foreign country approximated to our law of adoption"[1]).

Wengler[2]) und Maury[3]) behandeln derartige Fälle unter dem Problemkreis der „Vorfrage". Genau genommen geht es jedoch hier gar nicht darum, ob die burmesische Adoption wirksam war; dies erkennt sogar der englische Richter an. Die Schwierigkeit liegt nicht in der Frage nach der Wirksamkeit, sondern nach der Gleichwertigkeit der fremden Adoption. In diesem Sinn betrachtet Lewald das erwähnte Beispiel als „cas de substitution"[4]). Solche Fälle der Lewaldschen „substitution" werden jedoch heute wiederum der Anpassung zugeschlagen[2]). Insofern fragt man sich, in welcher Weise hier das Anpassungsproblem von der Vorfrage zu trennen sein könnte[5]). Jedenfalls herrscht unter den zitierten Autoren Einigkeit darüber, daß die Anerkennung der Adoption nach dem Kollisionsrecht des Staates, der das Erbstatut beherrscht, noch nichts über die Gleichwertigkeit mit der vom Erbrecht vorausgesetzten Adoption besagt. Vielmehr wäre hier etwa zu prüfen, ob das burmesische Adoptionsrecht nach Voraussetzungen und Wirkungen sowie nach seiner sozialen Funktion dem englischen Institut „adoption" gleichwertig ist, insbesondere ob auch das burmesische Recht ein gegenseitiges Erbrecht zwischen dem Annehmenden und dem Angenommenen kennt[6]). Hieraus ergibt sich zunächst die Unhaltbarkeit der Begründung im Falle Wilby: s. 13 (4) ist kein zwingender Beweis dafür, daß eine ausländische Adoption in England niemals ein Erbrecht begründen könne. Genauso gut oder schlecht hätte das englische Gericht die genannte Bestimmung als Beleg dafür heranziehen können, daß der englische Gesetzgeber in dieser Vorschrift angedeutet habe, daß eine dem englischen Adoption Act ähnliche — vielleicht auch nur gleiche — Adoption sehr wohl ein Erbrecht nach s. 13 (1) begründen könne. Das rein formallogische argumentum e contrario hat nicht mehr Gewicht für sich, als das argumentum a simile. Eine gerechte Lösung kann nur eine Interessenanalyse auf relativrechtsvergleichender Basis liefern. Dies weist der

[1]) Vgl. dazu die vorzügliche Darstellung De Novas: Considerazioni comparative sull' adozione in diritto intern. pr., ZAIP 23, S. 730ff. (insbes. 755f.)!

[2]) ZAIP 8, S. 165ff.

[3]) Rec. 1936 III, S. 554.

[4]) Rec. 1939 III, S. 135f.

[5]) Vgl. unten § 33!

[6]) In diesem Fall will auch Webb (Mod. Law Rev. 19, S. 435) ein Erbrecht geben, mag auch das englische Recht Erbstatut sein. Vgl. dazu noch Lüderitz, Kumulation, § 115!

englische Richter aber als unzumutbar ab — ein etwas klägliches Argument in Anbetracht des von ihm selbst als unbillig empfundenen Ergebnisses[1]), von dem Romer L. J.[2]) sagt:

„Such a proceeding would destroy the comity between nations . . ."

Er führt an anderer Stelle durchaus richtig aus[3]): „It seems to us that only those who are placed by adoption in a position, both as regards property rights and status, equivalent, or at all events substantially equivalent, to that of the natural children of the adopter can be treated as being within the scope of the testators contemplation."

Diese Ausführungen decken sich mit der amerikanischen Rechtsprechung zu demselben Problem[4]).

Schließlich sei noch ein typisches Beispiel erwähnt, das herkömmlicherweise als ein Schaupferd des „Qualifikationskonfliktes" paradiert, in Wirklichkeit aber mit der Qualifikationsmethode nicht zu lösen ist.

Deutsche Eheleute werden in Wien Österreicher. Das ABGB beherrscht jetzt die persönlichen Ehewirkungen (Art. 14 EGBGB), während das deutsche Recht (Art. 15 EGBGB) für die ehegüterrechtlichen Beziehungen maßgebend bleibt. Raape[5]) will hier den „Grundsatz der Angleichung" beachten, „z. B. was die Unterhaltspflicht angeht. Nach deutschem Recht (§§ 1360ff. BGB) folgt sie aus dem Rechtsverhältnis der Ehe als solcher, nach dem ABGB aus dem Güterstand. Soll die Frau deswegen leer ausgehen? Unmöglich!"

Ein Parallelfall ist der Tod des französischen Handlungsreisenden in der Schweiz. Welcher Fiskus erhält seinen Mobiliarnachlaß? Frankreich okkupiert bewegliche Sachen nur innerhalb seines Staatsgebietes; der Schweizer Fiskus müßte leer ausgehen, da ja französisches Erbrecht anzuwenden ist. Der Nachlaß wäre eine Beute der bekannten Wolffschen plündernden Horden[6]). Es besteht Einigkeit, daß dennoch die Schweiz die Hinterlassenschaft des Franzosen erbt[7]). Die uneinheitliche Begründung muß allerdings argwöhnisch machen. Lewald und Makarov nehmen eine „adaptation" an; Kegel löst die Schwierigkeit mit Hilfe der „Abweisung"[8]), einer quasi-Rückverweisung des Staates mit gebietlichem

---

[1]) „This would seem to be a hard case", (1956) P. 180; und: hard cases make bad law (dazu Cohn, der engliche Gerichtstag, Seite 50f.). Demgegenüber kann man nur den erfreulichen Mut des BGH (Z. 22, 1, 13) herausstellen: Bei der Ermittlung ausländischen (portugiesischen) Rechts seien die Schwierigkeiten „nicht größer" als sonst!

[2]) (1957) Ch. 513.

[3]) (1957) Ch. 523.

[4]) Vgl. neuestens 93 S. E. 2d 748 (Court of Appeals of Georgia vom 2. 7. 1956): „A child regularly adopted under the laws of one state is generally given the same right of inheritance under the laws of another state as is given in such state to children adopted under its own laws."

[5]) Lehrbuch, § 31 V 1 = Seite 319.

[6]) Wolff, IPR, § 13 VI 5 B c = Seite 60.

[7]) Lewald, Rec. 1939 III, Seite 144; Makarov, IPR und Rechtsvergleichung, Seite 42; Soergel, Vorbem. III 4 Art. 24—26 = Seite 249.

[8]) Soergel, Art. 27 I 4 a. E. = Seite 269.

Aneignungsrecht auf den Staat mit echtem Erbrecht. Es wird insoweit erforderlich sein, die Anpassung von anderen internationalprivatrechtlichen Problemen abzuheben, insbesondere festzustellen, inwieweit eine Abgrenzung von der Qualifikation möglich oder angebracht ist[1]).

§ 10 2. In der bereits angedeuteten zweiten Alternative beruhen die möglichen Harmoniestörungen darauf, daß die Kollisionsrechte verschiedener staatlicher Rechtsordnungen voneinander abweichende Rechte zur Regelung eines Falles heranziehen. Diese materiellrechtlich unterschiedlichen Regelungen führen naturgemäß zu gröberen Harmoniestörungen; als „hinkende" Rechtsverhältnisse sind sie besonders im Familienrecht bekannt, kommen aber in allen Lebensbereichen vor. Solche Fälle sind denkbar, solange es keinen Einheits-Weltstaat gibt. Denn solange hat jeder Staat sein eigenes Rechtsanwendungsrecht, welches bei der Wahl der Anknüpfungsmomente, bei der Berücksichtigung oder Ignorierung des renvoi oder auch bei der Intervention des ordre public „souverän" ist, d. h. eben abweichend von dem anderer Staaten normiert werden und somit zu einer abweichenden Entscheidung desselben Falles führen kann.

Ausgangspunkt bei diesen Fällen ist gewiß, daß kein Staat danach „schielen" kann, ob sein Nachbar diesen Sachverhalt im Ergebnis anders oder ebenso entscheidet, wie er selbst. Sonst würde er den in seinen Normen zum Ausdruck gebrachten Herrschaftsanspruch aufgeben. Wenn also nach deutschen IPR und dem von ihm berufenen materiellen Recht X Erbe eines streitbefangenen Nachlasses ist, nach englischem IPR und dem von ihm berufenen materiellen Recht jedoch Y, so nehmen wir darauf keine Rücksicht. Auch Art. 26 EGBGB schließt lediglich Ansprüche gegen die vermittelnde Behörde aus; der nach deutschem Recht berufene Erbe wird nicht gehindert, gegen den Empfänger des Nachlasses vorzugehen[2]). Eine Anpassung derart etwa, daß nun X und Y „Miterben" zu je ein Halb wären, ist ausgeschlossen.

Aber wie ist es in folgendem Beispiel?

Die Aktien einer Gesellschaft mit Sitz in der Tschechoslowakei werden dort enteignet. Nach der sog. Spaltungstheorie[3]) wird die Enteignung von Mitgliedschaftsrechten nur mit Wirkung für das Gesellschaftsvermögen im enteignenden Staat anerkannt. Hat die AG außerhalb des enteignenden Staates noch Vermögen — wie es hier unterstellt wird —, so bildet sich für das Rechtsgebiet der Tschechoslowakei eine neue Gesellschaft mit neuen, nämlich den von der Enteignung begünstigten Mitgliedern. In allen übrigen Staaten besteht die bisherige AG mit Wirkung für das außerhalb des enteignenden Staates belegene Gesellschaftsvermögen und in der Hand der alten Aktionäre fort.

[1]) Vgl. unten § 34!

[2]) Raape, Lehrbuch, § 38 E = Seite 412.

[3]) Kegel, Probleme, Seite 26ff., 33; Seidl-Hohenveldern, AWD 1958, S. 66, 122; Beitzke, Festschrift Janssen, S. 29—40; dagegen W. Lewald, NJW 1958, S. 281 und AWD 1958, S. 86.

Wenn in Deutschland jemand als Nichtberechtigter im Sinne der §§ 987 ff. BGB eine Sache besitzt, die ursprünglich der ungespaltenen AG gehörte, so kann er jetzt nach der Enteignung zwischen Scylla und Charybdis geraten:

Die neue „tschechische" AG verklagt ihn in der Tschechoslowakei auf Herausgabe, die alte „außertschechische" AG geht in der Bundesrepublik gegen ihn vor: Der Anspruch aus dem Eigentümer-Besitzer-Verhältnis unterliegt als eine aus dem Besitz rührende Verpflichtung der lex rei sitae[1]), so daß § 989 BGB anwendbar ist. Der Beklagte hat keine prozessuale Möglichkeit, aus dem einen oder anderen Prozeß auszuscheiden und die beiden Eigentumsprätendenten zu konfrontieren. Die §§ 75 ff. ZPO sind unmittelbar nicht anwendbar. Der Beklagte ist nicht Besitzer auf Grund eines Besitzmittlungsverhältnisses, sondern gerade nichtberechtigter Besitzer. Außerdem wird er hier in zwei selbständigen Prozessen vor den Gerichten verschiedener Staaten in Anspruch genommen. Diese grundlegenden Abweichungen von der in § 76 ZPO vorausgesetzten Situation machen eine analoge Anwendung ebenfalls unmöglich. Auch mit der Einrede der Rechtshängigkeit kann sich der Beklagte nicht helfen, weil es sich nicht um denselben Streitgegenstand handelt. Darum entschließt sich der Beklagte, die Sache sofort der tschechischen AG herauszugeben und wendet in dem deutschen Prozeß ein, die Herausgabe sei ihm ohne sein Verschulden unmöglich geworden. Die außertschechische AG stellt ihre Klage jedoch auf Schadenersatzleistung gemäß §§ 268 Ziff. 3 ZPO, 989 BGB um.

Die Frage ist, ob das Tatbestandsmerkmal „Verschulden" in § 989 BGB hier der abweichenden Rechtslage nach tschechoslowakischem Recht[2]) angepaßt werden kann. Grundsätzlich schließt eine Verpflichtung des Besitzers gegenüber Dritten, die Sache herauszugeben, seine Verantwortung dem Eigentümer gegenüber nicht aus. Wenn B sich also von A beauftragen läßt, eine bestimmte Sache an C auszuhändigen, und E als Eigentümer der Übergabe an C widerspricht, so kann der Umstand, daß B mit dieser Aushändigung seiner Auftragspflicht genügt, ihn dem E gegenüber nicht vor einer Haftung aus § 989 BGB schützen[3]).

Dieser Fall stellt m. E. jedoch kein Präjudiz dar für den eben geschilderten der Spaltgesellschaften. Denn in Wolffs Beispiel lag es an dem Besitzer, daß er sich einer doppelten Verpflichtung durch Abschluß eines Auftrages aussetzte. In meinem Beispiel dagegen konnte sich der Besitzer gegen das Entstehen einer doppelten Gläubigerschaft nicht schützen. Darum dürfte es unumgänglich sein, bei der Anwendung des § 989 BGB zu berücksichtigen, daß der Beklagte nach der abweichenden ausländischen Rechtslage ohne sein Zutun zur Herausgabe verpflichtet

---

[1]) Soergel, Vorbem. Art. 7 IV 1 = S. 56.

[2]) Man muß natürlich davon ausgehen, daß die Tschechoslowakei nicht auch ihrerseits der Spaltungstheorie folgt, denn sonst wäre ja nach beiden Rechtsordnungen nur die „außertschechische" AG Eigentümer der streitbefangenen Sache.

[3]) Wolff, IPR, § 54 IV Anm. 7 = S. 237.

war. Fraglich ist lediglich, wie dieser Umstand berücksichtigt werden kann: Soll der Beklagte vollen Ersatz leisten, etwa weil die Sache in Deutschland dem Zugriff der ausländischen Hoheit entzogen war, er sie also nicht herauszugeben brauchte? Das halte ich für eine fehlerhafte Erwägung; dies zeigt sich deutlich in dem Fall, daß der Besitzer Vermögen in der Tschechoslowakei hatte. Dann mußte er dort nämlich einen realisierbaren Schadenersatzanspruch befürchten. Oder soll der Beklagte hälftigen Ersatz gemäß § 242 BGB leisten, wie es Kegel[1]) für den Fall der gespaltenen Geldforderung will? Das dürfte im allgemeinen nur billig sein, wenn auch die andere Rechtsordnung lediglich die Hälfte vom Beklagten verlangt. Bei Geldforderungen ist das — wenigstens theoretisch — vorstellbar; nicht aber bei einem sachenrechtlichen Herausgabeanspruch: Einer AG muß der Besitzer die Sache immer ganz herausgeben. Wenn er obendrein noch ein Halb des Wertes an die zweite AG zahlen soll, leistet er anderthalb Mal. Kegel befürwortet ein solches Ergebnis[2]). In diesem Falle wenigstens halte ich das für eine interessenwidrige Unbilligkeit. Die Spaltung der AG kommt aus der Sphäre der Gesellschaft; das Risiko einer Enteignung von Mitgliedschaftsrechten muß also die Aktionäre treffen, welche ja von einer erhöhten Dividende auch nichts an den zufälligen Besitzer eines Vermögensstückes abführen. Darum kann man m. E. den Besitzer nicht an dem Schaden der gespaltenen AG beteiligen. Die Anpassung des § 989 BGB an die abweichende ausländische Rechtslage führt dazu, daß den Besitzer kein Verschulden trifft: Gibt er die Sache — jedenfalls aus hinlänglich verständlichen Gründen nnd nicht nur in Benachteiligungsabsicht — einer Klägerin heraus, wird er der anderen gegenüber ersatzlos frei.

Demnach erscheint es nicht völlig ausgeschlossen, daß eine vom deutschen Recht abweichende ausländische Rechtslage auch auf die Beurteilung im Inland „abfärbt". In welchen Grenzen dies möglich ist, soll später geklärt werden.

III. Die Teilanwendung mehrerer Rechtssysteme zwischen staatlicher und nichtstaatlicher Rechtssphäre

§ 11 Um das bislang gezeichnete Bild abzurunden, soll an einem weiteren Beispiel dargelegt werden, daß die erwähnten Harmoniestörungen nicht allein im innerstaatlichen oder zwischenstaatlichen Bereich auftreten können. Unter die genannten „Reibungen" muß man allerdings auch noch solche zwischen den Rechtserzeugungssystemen staatlicher Gebiets- und Nichtgebietskörperschaften rechnen, ebenso wie Störungen zwischen staatlicher und überstaatlicher Rechtsordnung, etwa im Rahmen der Montan-Union oder der europäischen Wirtschaftsgemeinschaft. Hier handelt es sich immer noch um kommensurable Rechtssysteme.

---

[1]) Probleme, S. 20.
[2]) Probleme, S. 20f.

Anders liegt es aber bei einem Ineinandergreifen von staatlicher und kirchlicher Rechtsordnung. Ein kürzlich ergangenes Urteil des BGH[1]) macht dies deutlich, wenn auch die Entscheidung als solche derart mit den übrigen dabei auftretenden Problemen befaßt ist, daß der hier zu erörternde Gesichtspunkt eigentlich nur mit einem Wort — nämlich über den „Zusammenhang" der beiden Rechtsgebiete — erwähnt wird:

Kirchliche Amtsträger haften grundsätzlich unter entsprechender Anwendung des Art. 34 BGG gemäß § 839 BGB für Amtspflichtverletzungen im kirchlichen Bereich. Das bedeutet jedoch nicht, daß sämtliche Maßnahmen kirchlicher Stellen in demselben Umfang wie Maßnahmen staatlicher Behörden auf Rechtswirksamkeit und Rechtmäßigkeit hin nachgeprüft werden. Das ordentliche Gericht hat nicht zu beurteilen, inwieweit von einem kirchlichen Amtsträger die sich speziell aus der Autonomie der Kirche, aus ihrer Lehre und ihrem eigengesetzlichen Leben ergebenden Regeln beachtet oder verletzt sind. Darum wird der Kreis der nach § 839 BGB im Verletzungsfalle einen Schadenersatzanspruch auslösenden Amtspflichten der Besonderheit angepaßt, daß der staatlichen, den Anspruch begründenden Norm zugleich ein teilweise andersartiges Substrat an kirchenrechtlichen Pflichten unterschoben wird, als dies bei alleiniger Anwendung rein weltlichen Rechts der Fall wäre. Es liegt nahe, eine Parallele zu § 823 II BGB zu ziehen, in welchen ausländische Schutzgesetze „eingearbeitet" werden[2]). Die „Verzahnung" der beiden verschiedenartigen Rechtsordnungen wird nicht blindlings-automatisch vorgenommen, sondern der zwiefachen Provenienz der den Fall insgesamt regelnden Normen angepaßt.

IV. Die Rechtfertigung der Anpassungsmethode

§ 12 1. Bei der Lösung der geschilderten Fallkonstellationen fällt es schwer, die Idee von der Einheit der Rechtsordnung aufrechtzuerhalten[3]).

Bei den innerstaatlichen Harmoniestörungen mag noch eine subjektiv-metaphorische Begründung angängig sein, welche sich das Bild von „dem" Gesetzgeber zunutze macht: „Jeder Gesetzgeber gestaltet das von ihm selbst erdachte Recht als geistige Einheit"[4]). Allerdings erheben sich schon hier Bedenken[5]): „Gestaltet" oder „will gestalten"? Der Gesetzgeber ist ein „anonymes Wesen"[6]). Daß die am Gesetzgebungs-

---

[1]) JZ 1957, S. 506; dazu: Thieme, JZ 1957, S. 496 und Schröer, JZ 1958, S. 422, welche den Gesichtspunkt des „Ineinandergreifens" zweier Rechtssysteme ebenfalls unberücksichtigt lassen.

[2]) Dazu Lüderitz, Kumulation, § 7.

[3]) Vgl. Wengler, Festschrift Wolff, S. 362!

[4]) Wengler, Festschrift Wolff, S. 369.

[5]) In diesen Zusammenhang gehört die unübersehbare Literatur für und wider die objektive Auslegungstheorie. Vgl. Nipperdey, Allg. Teil I, § 54!

[6]) Zweigert, Studium generale, 1954, S. 382.

verfahren vorwiegend beteiligte Ministerialbürokratie[1]) die gesamte Rechtsordnung in einer Weise übersähe, die vernünftigerweise darauf hoffen lassen dürfte, es werde eine „geistige Einheit“ geschaffen, hat man zu Recht in Zweifel gezogen[2]). Das Grundgesetz ebenso wie die Landesverfassungen rechnen mit einem „irrenden Gesetzgeber“[3]). „Der“ Gesetzgeber und seine Wertvorstellungen wandeln sich (vgl. Art. 123ff. BGG).

Jedenfalls läßt sich die Einheit der Rechtsordnung nicht mehr aus der Vernunft des Gesetzgebers ableiten, wenn ein Fall von den geistigen Einheiten mehrerer Gesetzgeber geregelt wird[4]). Man kann zwar in der Weise argumentieren, daß der Gesetzgeber, der Bruchstücke mehrerer fremder Rechtsordnungen zur Regelung eines Lebenssachverhaltes herbeiruft, den — fiktiven — Willen habe, daß diese Regelung letztlich zu einem vernünftigen Ergebnis führe; aber folgt dann die Widerspruchsfreiheit und Geschlossenheit dieser Summe mehrerer Rechtsordnungsfragmente noch aus dem Willen eines Gesetzgebers oder nicht vielmehr aus einem objektiven Prinzip? Dieses Prinzip dürfte auch hier das Postulat nach Einheit der Rechtsordnung sein. Nur läßt sich in diesem Zusammenhang die Idee von der Einheit der Rechtsordnung besser „objektiv“ als „subjektiv“ begründen. Nicht der hypothetische Wunsch des Gesetzgebers nach widerspruchsfreier Anwendung aller von ihm zur Entscheidung berufenen Normen gibt den Ausschlag; vielmehr ist der normlogische Zusammenhang[5]) zwischen der Gesamtheit der berufenen Rechtsvorschriften die Triebkraft für eine Anpassung, welche die gestörte Einheit wiederherstellen soll. Die regulative Idee von der Einheit der Rechtsordnung erweist sich somit zugleich als Gebot der Logik, der Zweckmäßigkeit und der Gerechtigkeit. Hält es ein Gesetzgeber für „gerecht“, einen Fall von mehreren Rechtsordnungen regeln zu lassen, so muß das Zusammenspiel dieser Normen in derselben Weise aufeinander abgestimmt werden, wie das innerstaatlich der Fall wäre.

Was allerdings den Fall angeht, daß verschiedene Rechtsordnungen unabhängig voneinander, d. h. ohne den „verknüpfenden Ruf“ unseres IRP, einen Lebenssachverhalt im Ergebnis abweichend regeln, so versagt auch hier das Postulat nach Einheit „der“ Rechtsordnung. Denn jede Rechtsordnung, welche den betreffenden Fall entscheidet, tut das — je für sich betrachtet — widerspruchsfrei und vollkommen. Ein logisches Gebot zwingt uns darum sicher nicht, hier im Wege der Anpassung die abweichende Rechtslage in einem fremden Staat zu berücksichtigen. Die fremden Rechtsnormen sind in solchen Fällen von unserem IRP nicht berufen; also können sie keine Normwidersprüche erzeugen.

---

[1]) Nach deren Intention der Supreme Court der USA die Gesetze auslegt (vgl. Zweigert, a. a. O., S. 382 bei Anm. 10).
[2]) Vgl. BSG, NJW 1958, S. 477!
[3]) Vgl. Art. 93 I Ziff. 2 BGG mit § 78 BVGG; Art. 75 Ziff. 3 Verf. NRW!
[4]) Cansacchi, Rec. 1953 II, S. 111.
[5]) Wengler, Festschrift Laun, S. 719ff., 743.

Aber eine Rechtsordnung besteht nicht um ihrer selbst willen; und so wird man zugeben müssen, daß rein menschliche Rücksichten dazu zwingen, eine Anpassung der unvereinbaren Ergebnisse vorzunehmen. Wenn ein Bürger gemäß den Bestimmungen einer Rechtsordnung handelt, kann ihm eine andere schlecht[1]) zum Vorwurf machen, er habe „schuldhaft" gehandelt, gegen die „guten Sitten" verstoßen, sei einem nicht entschuldbaren Rechtsirrtum erlegen oder habe eine „schwere Eheverfehlung" begangen. Logisch mag eine solche Relativierung menschlichen Verhaltens denkbar sein; Verständnis wird der unbefangene Rechtsuntertan kaum dafür aufbringen. In diesem — wie noch zu zeigen sein wird — eng begrenzten Rahmen ist also eine Anpassung nicht von vornherein auszuschließen. Gewissermaßen aus menschlichem Mitgefühl — mag es auch juristisch umkleidet werden — dulden wir, daß einzelne tatbestandliche Voraussetzungen der inländischen Norm von der abweichenden ausländischen Vorschrift „unterwandert" werden.

Wenn man von der letztgenannten Sondersituation absieht — und vielleicht auch dort noch —, so besteht die rechtstheoretisch wie praktisch gleichermaßen wichtige Aufgabe der Anpassung darin, eine logisch und teleologisch harmonische Einheit herzustellen zwischen Rechtsordnungsfragmenten verschiedener staatlicher Provenienz, welche zur Regelung eines einheitlichen Lebenssachverhaltes berufen sind. Aus dieser Funktion der Anpassung ergibt sich ohne weiteres ihr Wesen; Anpassung bedeutet:

Bei der Anwendung einer Rechtsnorm wird berücksichtigt, daß die Summe der auf einen Sachverhalt anzuwendenden Rechtssätze verschiedenen, nicht aufeinander abgestimmten Rechtsordnungsfragmenten entnommen wird bzw. ohne den Anpassungsvorgang zu entnehmen wäre.

§ 13 2. Bei einer solchen Betrachtung stellt sich die Frage, ob die umschriebene Funktion der Anpassung nicht mit dem Wesen des Rechtsanwendungsrechts, wie es die herrschende Meinung sieht, in Widerspruch gerät.

Das Rechtsanwendungsrecht dient anderen Interessen als das sachliche Recht. Insofern ist es berechtigt, von einer internationalprivatrechtlichen Gerechtigkeit als besonderer „Form" oder als eigenem „Grade" der Gerechtigkeit zu sprechen. Diese internationalprivatrechtliche Gerechtigkeit geht grundsätzlich der materiellrechtlichen Gerechtigkeit vor. Das bedeutet:

Das persönlich, sachlich oder räumlich am stärksten mit einem Fall verknüpfte Recht geht dem in abstracto „besten" Recht vor[2]); das materielle Einzelergebnis wird außer Betracht gelassen. „Dem Gerechtigkeitspostulat, dem der Gesetzgeber nachzukommen wünscht, indem er

[1]) Die Problematik des „rechtswidrigen" Gesetzes lasse ich beiseite.

[2]) Kegel, Festschrift Lewald, S. 270ff. Die obige Formulierung sucht den berechtigten Einwänden Wiethölters (Einseitige Kollisionsnormen, S. 120) gegenüber Kegels Formulierung auszuweichen.

bestimmte Sachverhalte mit Auslandsberührung ausländischem Recht unterwirft, ist grundsätzlich mit dem Erlaß der verweisenden Norm genügt. Ob die zur Anwendung gelangende ausländische Sachnorm, die den Fall entscheidet, unseren eigenen Gerechtigkeitsanspruch befriedigt, danach fragt der eigene Gesetzgeber nicht mehr . . ."[1]). „Es ist nicht der Sinn des IPR, bei der Regelung der Fälle mit ausländischen Elementen jemandem eine möglichst materiellrechtlich vorteilhafte Stellung zu verschaffen."[2]) Das unbillige Ergebnis im Einzelfall fällt der berufenen materiellen Rechtsordnung zur Last[3]).

Diese Argumente sind zutreffend, vermögen aber die Berechtigung der Anpassung nicht zu erschüttern. Es gibt wesensmäßig „nur eine" Gerechtigkeit[4]). Wenn das IPR das schwerpunktmäßig nahestliegende Recht zur Anwendung beruft und diesem Recht die Entscheidung des Einzelergebnisses überläßt, so ist damit sowohl internationalprivatrechtlich wie materiellrechtlich „der" Gerechtigkeit Genüge getan[5]). Wenn aber das IPR mehrere gleich nah berechtigte Rechtsordnungen je zum Teil zur Anwendung beruft, so ist wohl die internationalprivatrechtliche Gerechtigkeit erfüllt; möglicherweise kann aber die materiellrechtliche Gerechtigkeit sich nicht auswirken. Dieses Mißergebnis fällt nicht etwa der einzelnen materiellen Rechtsordnung zur Last. Denn weil diese gar nicht in ihrer Gesamtheit zur Anwendung kommt, ist ihr die Möglichkeit genommen, ihre auf das ganze Rechtssystem verteilten Wertvorstellungen und Interessenentscheidungen an dem konkreten Streitfall zu verwirklichen. Wengler[6]) hat zu Recht darauf aufmerksam gemacht, daß ein Gesetzgeber dasselbe rechtspolitische Anliegen mit verschiedenen rechtstechnischen Mitteln an verschiedenen Stellen des Gesamtsystems verwirklichen kann. Zwei Gesetzgeber anerkennen z. B., daß die Ehefrau von ihrem Ehemann Unterhalt verlangen kann. Der deutsche Gesetzgeber bringt diese Verpflichtung im Rahmen der persönlichen Rechtsbeziehungen, der österreichische im Rahmen der güterrechtlichen Verhältnisse der Ehegatten zum Ausdruck. Gerade die durch das Streben nach differenzierter internationalprivatrechtlicher Gerechtigkeit hervorgerufene unglückliche Koppelung der beiden Statuten (Art. 14 und 15 EGBGB) verhindert ein materiell gerechtes Ergebnis. Zweimal halbe Gerechtigkeit ergibt aber niemals eine ganze, sondern allenfalls keine!

Infolgedessen bedarf es in solchen Fällen, deren Ausnahmecharakter — auch in methodischer Hinsicht — zur Vermeidung von Mißverständnissen betont sei, einer mehr „existentiellen" Betrachtung[7]) beim un-

---

[1]) Dölle, Jahrbuch, S. 42.

[2]) Müller-Freienfels, FamRZ 1957, S. 150.

[3]) Zweigert, Festschrift Raape, S. 50f.

[4]) Kegel, Festschrift Lewald, S. 270.

[5]) Jedenfalls regelmäßig; nur ausnahmsweise korrigiert die Beachtung des ordre public.

[6]) ZAIP 8, S. 168.

[7]) P. H. Neuhaus, DRiZ 1948, S. 87.

mittelbaren Lösen der materiellrechtlichen Entscheidung. Die „kalte", weil technisch-abstrakte internationalprivatrechtliche Gerechtigkeit darf nicht die wertverwirklichende-materielle Gerechtigkeit überspielen[1]). Diese „Aufpasserfunktion" aber übt die Anpassung aus!

V. Anhang: Zur Benennung des Problems

§ 14 Auch ein schwieriges Kind verdient seinen passenden Namen. Allerdings liegt die wissenschaftliche Belanglosigkeit dieses Streits um Worte zutage; aber vielleicht setzt sich einmal eine einheitliche Terminologie durch.

Im Anschluß an die im Haager Recueil des Cours veröffentlichten Arbeiten Raapes und Lewalds spricht man gern von „Adaptation". Allein dieses Wort empfiehlt sich wenig: Nicht nur, weil es ein Fremdwort ist, sondern weil es auch einen bestimmten terminus technicus in H. Lewalds System darstellt, der enger umgrenzt ist als das Phänomen, was heute im allgemeinen unter Angleichung oder Anpassung verstanden wird.

Es bleibt die Wahl zwischen „Angleichung" und „Anpassung". Kegel spricht regelmäßig von der Angleichung, mitunter aber auch von der Tatsache, daß man Normen „anpaßt"[2]). Raape[3]) verwendet beide Ausdrücke abwechselnd. Ich möchte aus sprachlogischen Gründen die Anpassung bevorzugen. Das Argument P. H. Neuhaus[4]) gegen die Angleichung vermag ich allerdings nicht zu verstehen:

Er meint, die Bezeichnung Angleichung sei unzutreffend, „da die anwendbare Rechtsordnung nicht an etwas Gleichartiges, nämlich eine andere Rechtsordnung als solche, sondern an die konkrete Tatsache des Hereinspielens dieser anderen Rechtsordnung adaptiert werden soll". Angepaßt werden m. E. immer nur Rechtsnormen.

Zugegeben sei allerdings, daß selbst die Sprachwörterbücher in ihren Definitionen schwanken. Am präzisesten erscheint mir die Deutung von Mackensen[5]), nach dem „angleichen" bedeutet: Eines einem anderen gleichmachen; während „anpassen" besagt: Zwei aufeinander abstimmen. Dieses Aufeinanderabstimmen halte ich für den sprachlogischen

---

[1]) Auch Beitzke (Festgabe Smend, S. 16f.) spricht sich gegen eine Überbetonung der IPR-Gerechtigkeit aus. Wenn ich ihn recht verstehe, dürften auch die erst kürzlich erschienenen Sätze H. Neuhaus' (ZAIP 23, S. 367) in diesem Zusammenhang als wertvolle Stütze angeführt werden: „Dürfen wir doch die spezifisch kollisionsrechtlichen ‚Ordnungsinteressen' des ‚inneren und äußeren Entscheidungseinklangs' nicht überschätzen. Zwischen dem formalen ‚Konfliktsminimum' und der ‚materiellen Billigkeit im Einzelfall' ... gibt es im Kollisionsrecht substantielle Wertentscheidungen, die mit gewissen materiellrechtlichen Entscheidungen nicht identisch und auch nicht aus ihnen abgeleitet sind, aber im Verhältnis der Analogie oder Parallelität zu ihnen stehen." Siehe auch Gamillscheg, Arbeitsrecht, S. 4.

[2]) Lehrbuch, S. 95.

[3]) Lehrbuch, § 14 III = S. 101.

[4]) ZAIP 18, S. 717.

[5]) Neues Deutsches Wörterbuch, 1952.

Vorzug der Anpassung. Der terminus Angleichung könnte leichter zu der irrigen Annahme verleiten, es sei ein „Vorbild" vorhanden, an dem etwas anderes ausgerichtet werde. Mit anderen Worten:

Angleichung enthält die Deutung, daß nur eine Rechtsordnung an eine andere angeglichen werden könnte; Anpassung enthält die zutreffende Feststellung, daß alle beteiligten Rechtsordnungen aufeinander abgestimmt werden können.

Es sei nochmals betont, daß aus der Benennung keine sachlichen Konsequenzen gezogen werden müssen; ich gehe jedoch von dem Ausdruck Anpassung aus.

B. Die wissenschaftliche Verarbeitung des Problems

Die Anpassungsschwierigkeiten sind in der Rechtslehre unter recht verschiedenen Gesichtswinkeln wahrgenommen und entsprechend auch mit unterschiedlichen Akzenten verarbeitet worden.

I. Die Anpassung als einziges Problem „internationaler" Fälle

§ 15 Vom Standpunkt der herrschenden Meinung aus muß man zunächst auf eine Gruppe von Außenseitern weisen, welche allerdings Anhänger in den verschiedensten Staaten der Erde gefunden hat. Sie ist sich lediglich in der verneinenden Gebärde einig, daß es ein Kollisionsrecht und eine Zuteilungsfunktion[1]) von Rechtsanwendungsnormen nicht gibt. Für sie besteht auch kein besonderes Anpassungsproblem. Vielmehr wurzelt die einzige Schwierigkeit bei der Entscheidung internationaler Sachverhalte darin, die materiellrechtliche Lösung den verschiedenen in- sowie ausländischen Bezugspunkten, welche der Fall aufweist, anzupassen. Das anzuwendende materielle Recht wird also nicht auf dem Wege über die übliche Anknüpfungs- und Verweisungsmethode gefunden, sondern lediglich aus einer kaleidoskopartigen Zusammenschau der internationalen Färbung des Falles gewonnen.

In Deutschland hat sich Fränkel[2]) für eine solche unmittelbare Entscheidung ausgesprochen. Er befürwortet für jeden Fall „eine Lösung auf mittlerer Linie". Zwei berühmte holländische Rechtswissenschaftler stehen ihm zumindest hinsichtlich der praktischen Auswirkung ihrer Lehren nahe: Jitta[3]) scheidet die „nationalen" Fälle, welche ihrer ausschließlich inländischen Beziehungen wegen nur nach heimischem Recht beurteilt werden, von den „internationalen". Letztere unterteilt er in „relativ internationale", welche nur nach dem Recht eines ausländischen Staates gelöst werden, sowie „absolut internationale" Sachverhalte, die zugleich Beziehungen zu mehreren Staaten aufweisen. Sollte

[1]) Dem Streit, ob die Kollisionsnormen als Kompetenz- oder Inkorporationsvorschriften aufzufassen sind, braucht hier nicht nachgegangen zu werden; vgl. Niederer, Einführung, S. 125ff.

[2]) ZAIP 4, S. 239—43.

[3]) La méthode du droit i. pr., S. 200ff.; AÖR 14, S. 324ff.; AÖR 15, S. 572ff.; La substance des obligations dans le dr. i. pr. I., S. 20ff. und II, S. 493ff.

sich bei dieser dritten Gruppe kein dominierendes Recht feststellen lassen, so will Jitta den Fall nach einer frei geschaffenen ad hoc-Norm geregelt wissen. Auch Hijmans[1]) wünscht zunächst eine Versöhnung der konkurrierenden Rechtsordnungen. Wenn dies unmöglich ist, bildet er eine neue materielle Regel, deren Wirkungsweise dem allen beteiligten Rechtsordnungen zugrunde liegenden sozialen Gehalt angepaßt ist.

Im amerikanischen Rechtskreis werden noch extremere Lösungen angeboten. Cavers[2]) berücksichtigt von mehreren beteiligten Rechtsordnungen lediglich das Ergebnis der gerechtesten und sozial nützlichsten Ordnung. Er sieht selbst ein, daß das oft unbefriedigend bleiben wird und will dann eine irreale ad hoc-Regel bilden. Dieselbe Lösung vom materiellen Ergebnis her kennzeichnet auch die Arbeiten Blands[3]) und Lalives[4]). „The reason why one conflict rule is preferred to another — i. e., why a certain characterization is made — is to be found in considerations of justice and social convenience“ (Bland). Und noch schärfer — übrigens durchaus im Geiste der Freirechtsschule[5]) — formuliert Lalive, die lex fori z. B. werde nicht angewendet, weil eine bestimmte Rechtsfrage als Form qualifiziert werde, sondern umgekehrt werde die Rechtsfrage als Form qualifiziert, weil die Anwendung dieses Rechts als angemessen erscheine.

Die europäische Kritik läßt sich dahin zusammenfassen[6]):

Die Schwierigkeit, eine sachangemessene neue ad hoc-Norm auf dem Wege der absoluten oder relativen Rechtsvergleichung, durch eine Erforschung der tatsächlichen Gegebenheiten und Interessen sowie von einem vorgefühlten Ergebnis her zu bilden, ist so gut wie unüberwindlich. Jedenfalls läßt sich nie voraussagen, wie die Gerichte diese Norm konkretisieren würden. Eine unvorstellbare Rechtsunsicherheit wäre die Folge. Zudem ist der Vorschlag kaum mit dem kontinental-europäischen Rechtsdenken zu vereinbaren, da es nicht im Belieben des (deutschen) Richters steht, bei der Lösung jedes „internationalen Falles“ judge made law zu schaffen.

Der Hauptmangel in theoretischer Hinsicht ist darin zu sehen, daß diese unmittelbar materiell bezogene ad hoc-Methode den oben aufgewiesenen Unterschied zwischen internationalprivat- und materiellrechtlicher Gerechtigkeit verkennt. Der vorzeitige und ausschließliche Blick auf das materielle Ergebnis ist methodisch verfehlt: Hier wird aus einer Ausnahme die Regel gewonnen!

Nicht ganz so extrem, aber m. E. von unhaltbaren theoretischen Prämissen ausgehend, löst die sog. „local-law-theorie“ das Anpassungs-

---

[1]) Algemeene problemen, S. 19f., 61ff.
[2]) 47 Harv. L. R., S. 173—208.
[3]) ICLQ 6, S. 14—27.
[4]) The transfer of chattels, S. 3f.
[5]) Über deren verfehlten Psychologismus vgl. Engisch, Einführung, S. 49!
[6]) Batiffol, Rec. 1948 I, S. 58—64; De Nova, Rev. crit. d. dr. i. pr. 1948, S. 179 bis 203; Nußbaum, Principles, S. 36 Anm. 10; Kegel, Festschrift Lewald, S. 271.

problem[1]). Judge Learned Hand[2]) hat in der mittlerweile berühmt gewordenen Entscheidung Guinness v. Miller[3]) die Ansicht begründet, daß ein Gericht niemals fremdes Recht durchsetzen könne, sondern dieses fremde Recht nur als Vorbild benutze, nach welchem es ein ähnliches, „as nearly homologous as possible to that", Recht schaffe[4]), um den streitbefangenen Fall zu entscheiden. Dieser Auffassung nähert sich neuerdings Wengler[5]) in erstaunlichem Maße, wenn er ausführt, die Verweisung unseres IPR auf ausländisches Privatrecht bedeute die Schaffung einer „Parallelnorm" zu der Vorschrift des fremden Rechts. Folglich werde nicht ein von der ausländischen Rechtsordnung „geschaffenes" subjektives Recht erzwungen, sondern es bestehe eine Mehrheit von subjektiven Rechten mit territorialer Begrenzung, wie sich das im Immaterialgüterrecht deutlich zeige.

Man mag Hands Ansicht als einen Erfolg über die „vested rights theorie" werten, wie Cheatham[6]) das tut. Eine zwingende logische Notwendigkeit wird man jedoch in dieser Gedankenführung vergeblich suchen. Schon der Ausgangspunkt, kein Gericht könne anderes als „eigenes" Recht durchsetzen, ist eine unbewiesene Behauptung. Die Richtigkeit dieses Satzes hängt davon ab, was Hand unter „law of its own sovereign" versteht. Wenn er meint, dieses Recht müsse sich immer aus einer innerstaatlichen Rechtsquelle ableiten, kann ihm nicht zugestimmt werden. Zutreffend ist, daß der Forumsrichter nur solche Normen anwenden und durchsetzen kann, zu deren Berücksichtigung ihn eine innerstaatliche (Kollisons-)Norm ermächtigt und verpflichtet. Abgesehen davon folgt aus dem Vordersatz keineswegs, daß nun der Richter ein dem ausländischen Recht ähnliches Recht schaffen müßte. Es scheint, als sei die Verknüpfung dieser beiden Axiome nur eine gedankliche Maskierung, um einem als vernünftig empfundenen Ergebnis die erforderliche „rationale" Stütze zu geben. Dies muß auch W. W. Cook[7]) zugestehen. Seine eigene Lehre weicht jedoch nur insofern von Hands Theorie ab, als er die Rechtslage in dem betreffenden fremden Staat als bloße „rule of decision" betrachtet[8]). „The forum models its own

---

[1]) P. H. Neuhaus betont zu Recht, daß es sich hier um „Anpassung" handelt (ZAIP 18, S. 718).

[2]) Ich folge der Darstellung von Cavers (63 Harv. L. R., S. 832) und trenne die „homologous right theorie" Hands von der „local law theorie" W. W. Cooks.

[3]) 291 Fed. 769 (770) (S. D. N. Y. 1923); vgl. auch Kronstein, Festschrift Wolff, S. 236f., 239, 244f.

[4]) Dagegen — mit Recht — Dölle, Festschrift Nikisch, S. 187.

[5]) Festschrift Laun, S. 726f.; Festschrift der juristischen Fakultät der FU Berlin, S. 351f. Jüngst (ZAIP 23, 539 Anm. 3) spricht er von „lokalen subjektiven Rechten". Zu Wenglers Thesen äußert sich Ballarino, Diritto Internazionale 1959, S. 131—148. [6]) 58 Harv. L. R., S. 361ff. [7]) Logical and legal bases, S. 28.

[8]) A. a. O., S. 20f.: „the forum, when confronted by a case involving foreign elements, always applies its own law to the case, but in doing so adopts and enforces as its own law a rule of decision identical, or at least highly similar though not identical, in scope with a rule of decision found in the system of law in force in another state or with which some or all of the foreign elements are connected."

applicable rule of law upon the foreign rule of law"[1]). Cheatham[2]) sieht einen Vorzug dieser Theorie darin, „that in unusual cases it permits greater flexibility in the decision, for under it so much or so little of the foreign law as seems appropriate may be employed as guide and the foreign-created right does not have to be enforced or rejected as a whole".

Ich kann nicht umhin, gerade den Grundfehler dieser Theorie darin zu sehen, daß sie aus unusual cases ein allgemeines Prinzip herleitet. Wiederum wird die Ausnahme in methodisch verfehlter Weise als Regel verwendet.

II. Die Anpassung als Notbehelf im Kollisionsrechtssystem der herrschenden Meinung

Die herrschende Meinung geht von der (oben sog.) „Aufpasserfunktion" der Anpassung aus. Grundsätzlich beruft das IPR die anwendbare Rechtsordnung, während das materiellrechtliche Ergebnis uns nicht kümmert; ausnahmsweise greift die Anpassungsmethode korrigierend ein. Der methodische Vorgang ist durchaus mit der Anknüpfung und nach Prüfung des materiellen Ergebnisses erfolgenden Rücknahme der Anknüpfung[3]) bei einem Verstoß gegen den ordre public zu vergleichen.

§ 16 1. Auf dieser Grundlage hat H. Lewald in seinen Régles générales[4]) als erster den Versuch unternommen, die Anpassungsphänomene zu systematisieren. Dabei bildet er drei Typen, den „cas de transposition", den „cas de substitution" und den „cas d'adaptation".

Die Transposition stellt eine Übertragung von Rechtsverhältnissen, rechtlich erheblichen Handlungen sowie Willenserklärungen, welche nach dem System und in den Denkkategorien einer Rechtsordnung ins Leben getreten sind, in das System und die zugehörigen Begriffe einer anderen Rechtsordnung dar. Eine solche Transposition muß stattfinden, wenn eine fremde Rechtsbegriffe verwendende Willenserklärung im Inland zur Ausführung kommen soll. Der Begriff „mortgage" in einem von einem Engländer verfaßten Testament über in Frankreich gelegene Grundstücke ist in die Kategorie „Hypothek" zu übersetzen. Eine Transposition kann ferner erforderlich werden, wenn Rechte oder Rechtsverhältnisse ihr Statut wechseln, z. B. eine Sache in ein anderes Staatsgebiet verbracht wird oder der Vater eine neue Staatsangehörigkeit erwirbt, welche seine elterlichen Rechte zu beeinflussen vermag.

Diese Transposition von einer Kategorie in die andere soll nach dem Grundsatz erfolgen, daß möglichst jedes Rechtsgeschäft und jedes Rechtsverhältnis in eine „äquivalente" Kategorie der neuen Rechts-

---

[1]) A. a. O., Anm. 41 a.
[2]) 58 Harv. L. R., S. 386.
[3]) Kegel, Lehrbuch, S. 167.
[4]) Rec. 1939 III, S. 126ff. (troisième partie).

ordnung „eingearbeitet"[1]) wird. Voraussetzung für die Übertragungsmöglichkeit ist nicht das Bestehen einer gleichen, wohl aber einer gleichwertigen Rechtseinrichtung innerhalb der neuen Rechtsordnung.

Substitution bedeutet die Ersetzung eines Tatbestandsmerkmales eines inländischen Rechtssatzes durch einen gleichartigen, einer fremden Rechtsordnung unterliegenden Vorgang. Auch hier geht die Kernfrage nach der Äquivalenz: Kann eine inländische Rechtsfolge eintreten, obwohl ein Teil des von ihr vorausgesetzten Tatbestandes sich in einer dem inländischen Tatbestandsmerkmal ähnlichen Form im Ausland verwirklicht hat? Bei der Anwendung des § 38 EheG wäre etwa zu erwägen, ob und gegebenenfalls wann eine im Ausland erfolgte Todeserklärung des einen Ehegatten genügt, um die Folgen einer Eheauflösung bei Wiederheirat des anderen in Deutschland eintreten zu lassen[2]).

Adaptation schließlich ist ein Eingriff in eine oder mehrere der beteiligten Rechtsordnungen, um die im Einzelfall gestörte Harmonie der zusammengerufenen Teilordnungen bei der Entscheidung zu garantieren. Als Beispiel führt Lewald den oben besprochenen Fall der Wiederverehelichung einer Schweizer Witwe mit minderjährigen Kindern an.

Dieser Systematisierung Lewalds hat sich ein großer Teil des internationalen Schrifttums angeschlossen; so Vischer[3]), Makarov[4]), Monaco[5]), Balladore-Pallieri[6]), Betti[7]) und im wesentlichen auch Cansacchi[8]). Freilich finden sich bei den genannten Autoren nuancierte Eigenheiten.

So wertvoll ich die systematische Scheidung in Substitutions- und Adaptationsfälle halte, so wenig glücklich scheint mir die Kategorie der Transposition gewählt zu sein: sie vereint heterogene Erscheinungen und dürfte als selbständige Gruppe überflüssig sein. Die „Umdeutung"[9]) von Rechtsgeschäften unterscheidet sich in mehrfacher Hinsicht von der Anpassung einer Rechtsnorm. Wenn ein Engländer sein Testament in inländischen Rechtskategorien abfaßt, seine Liegenschaften in Frankreich aber nach französischem Erbrecht vererbt werden, so fehlt es an einer Harmoniestörung, die durch das je teilweise Zusammentreffen von mehreren Rechtsordnungsfragmenten verursacht worden wäre. Eine Harmoniestörung liegt allenfalls zwischen Rechtsnorm auf der einen und Rechtsgeschäft auf der anderen Seite vor. Das ist jedoch das hinlänglich bekannte Problem des „Handelns unter falschem Recht"[10]). Diese

[1]) Ausdruck von Nußbaum, Grundzüge, S. 80.
[2]) Dagegen in diesem Beispiel Raape, Lehrbuch, § 28 II = S. 263; m. E. in dieser allgemeinen Form zu Unrecht.
[3]) Rechtsvergleichende Tatbestände, §§ 5, 6 und 9.
[4]) IPR und Rechtsvergleichung, S. 40ff.
[5]) L'Efficacia, S. 75 (Nr. 38) und S. 78 (Nr. 39).
[6]) Diritto Internazionale Privato, S. 121 und 125 (Nr. 34); vgl. auch S. 9—11!
[7]) Problematica, S. 299ff., insbes. S. 317, 335.
[8]) Rec. 1953 II, S. 111ff.
[9]) Diesen Ausdruck entlehne ich der Diss. Gottheiners
[10]) Soergel, Vorbem. Art. 7 I 10 = S. 22.

Umdeutung von Rechtsgeschäften folgt eigenen Regeln, die sich kaum und mehr zufällig mit Anpassungsgrundsätzen decken[1]).

Außerdem enthält die Transposition Lewalds teils Substitutions-, teils auch Adaptationsfälle: Wenn jemand in Deutschland eine Sache kraft seines „Pfandrechts" herausverlangt (§ 1227 BGB), so ist die Frage, ob das in Frankreich entstandene beschränkte dingliche Recht die Wirkung des § 1227 BGB auslösen kann, bejahendenfalls ein Substitutionsvorgang, verneinendenfalls ein Adaptationsvorgang, da letzterenfalls das „Pfandrecht" bei uns „ruht"[2]) und erst nach Rückkehr der Sache in sein Heimatland wieder „auflebt". Umgekehrt erscheint der Fall der wiederverehelichten Schweizer Witwe bei Lewald und Vischer als Adaptationstyp, obwohl er gerade nach ihrer Systematik zur Transposition gehören müßte, da seine Problematik allein durch einen Statutenwechsel verursacht ist[3]).

Mit dieser Beschränkung auf die beiden Grundformen der Substitution und der Adaptation scheint mir aber doch eine grundlegende Einteilung der Anpassungsfälle vorgenommen zu sein. Das werde ich später in anderem Zusammenhang zu belegen suchen[4]).

§ 17 2. Vischer bildet innerhalb der Adaptationsfälle typisierte Untergruppen[5]). Die erste könnte man in Anlehnung an eine Ausdrucksform Wenglers[6]) als „Überkreuztyp" bezeichnen.

> „Die der Rechtsordnung A angehörenden Rechtsnormen, welche ein bestimmtes Rechtsverhältnis 1 regeln, setzen, ohne daß dies im Gesetz ausdrücklich gesagt ist, voraus, daß das konnexe, oft präjudizielle Rechtsverhältnis 2 von derselben Rechtsordnung A oder jedenfalls in gleicher oder doch äquivalenter Weise, wie in dieser Rechtsordnung gelöst wird. Fehlt nun in der für das konnexe Rechtsverhältnis 2 maßgebenden Rechtsordnung B eine äquivalente Regelung, vielleicht weil in dieser Rechtsordnung B der soziale Zweck bereits an einer anderen Stelle des Systems verwirklicht ist, so entsteht eine Rechtslücke, welche der Richter zu beheben hat"[7]).

Die Lösung soll der Richter gemäß Art. 1 II und III ZGB finden. In dem viel erörterten „Schwedenfall" müsse der Richter feststellen, ein wie großes Erbteil der schwedische Gesetzgeber der Ehefrau zugebilligt hätte, wenn er nicht bereits güterrechtlich für sie gesorgt hätte.

Ich muß gestehen, daß es nicht ganz einsichtig ist, wie sich aus dem Grundgedanken des Art. 1 ZGB der hypothetischen Wille des schwedischen Gesetzgebers ermitteln lassen sollte. Hier dürfte die subjektive Auslegungsmethode überfordert werden.

1) Siehe unten § 25!

2) Raape, Lehrbuch, § 59 III = S. 568.

3) Allerdings würde eine falsche Einordnung an sich nicht gegen die richtig umgrenzte Kategorie sprechen.

4) Vgl. unten §§ 31, 32, 35!

5) Rechtsvergleichende Tatbestände, S. 127ff.

6) Festschrift Wolff, S. 368.

7) Rechtsvergleichende Tatbestände, S. 127.

Einen zweiten Typ sieht Vischer in den Situationen, daß für ein Rechtsverhältnis an einer Sache gleichzeitig mehrere Rechtsordnungen zuständig sind. Hierher rechnet er insbesondere das Verhältnis von Einzel- und Vermögensstatut. Eine Gruppierung von Fällen, in denen ein Sachenrechtsverhältnis und anderen, wo etwa ein Personen- oder Schuldrechtsverhältnis von mehreren Rechtsordnungen erfaßt wird, erscheint zwar möglich. Vischer beantwortet allerdings nicht die Frage, ob jeder Kategorie eigene Lösungsgesetze zuzuordnen sind oder ob die Lösungsprinzipien etwa quer durch eine solche Typenbildung hindurch gingen.

Richtig ist schließlich, daß die Anpassung ebenso wie bei einem Statutenwechsel auch bei der Anwendung des ordre public-Vorbehalts helfen kann. Aber wie?

§ 18 3. Cansacchi[1]) stützt sich weitgehend auf Lewalds Dreiteilung, fügt jedoch noch eine vierte Gruppe hinzu, die man als Anpassung kraft Gesetzes bezeichnen könnte — wenn man sie überhaupt in diesem Zusammenhang aufzunehmen hat. Er versteht darunter die Erscheinung, daß IPR-Normen der lex fori ausländische Rechtsnormen in ihrem ursprünglichen, vom fremden Gesetzgeber abgesteckten territorialen Geltungsbereich oder persönlichen Adressatenkreis erweitern bzw. einengen, etwa infolge eines renvoi-Verbotes oder indem fremde Hoheitsrechte auf innerstaatliche Gerichte übertragen werden.

Diese vierte Kategorie dürfte jedoch nichts mit einer Anpassung zu tun haben. Wenn Italien die Geschäftsfähigkeit eines Dänen nach dessen Heimatrecht beurteilt und die Verweisung des dänischen Rechts auf den Domizilstaat nicht beachtet, so liegt keine Harmoniestörung vor. Denn für den italienischen Richter ist allein anwendbar das dänische materielle Recht. Was die vorgebliche Übertragung von fremden staatlichen Hoheitsrechten auf die Gerichte des Forumsstaates, etwa bei Scheidungen oder Adoptionen nach ausländischem Recht, anbelangt, so ergibt sich daraus ebenfalls kein Anpassungsproblem. Die Gerichte jedes Staates scheiden, bestätigen usf. nur kraft eigener Hoheit, auch wenn etwa die Scheidungsgründe dem fremden Recht entnommen werden.

Ein nicht zu unterschätzender Vorzug in den Ausführungen Cansacchis ist darin zu erblicken, daß er die Anpassungsfälle nach der Art der Modifikation einteilt und auch gewisse Regeln zur Lösung der Anpassungskonflikte herausarbeitet.

Bei einer Transposition sollen die bisherigen Wirkungen eines Rechts nur anerkannt werden, wenn sie nicht gegen den ordre public des neuen Statuts verstoßen. Leider verschiebt Cansacchi dann die Grenze doch wieder einseitig zugunsten des neuen Statuts, das regelmäßig vorzugsweise und insbesondere dann anzuwenden sei, wenn es das Forumsrecht sei[2]). Das ist zwar einhellige Meinung, scheint aber gleichwohl nicht

---

[1]) Rec. 1953 II, S. 120—28.
[2]) Rec. 1953 II, S. 134.

unbedenklich zu sein. Allgemein weist Cansacchi den Richter an, lediglich das Recht des essentiellen Elementes eines Falles anzuwenden, während er die Rechtsordnungen, welche nur nebensächliche Rechtswirkungen regeln, unbeachtet lassen darf, sofern dadurch dem Anpassungskonflikt ausgewichen werden könne[1]). Die Schwäche dieser Regel liegt darin, daß in vielen Fällen kein dominierendes Recht zu ermitteln ist; welches Recht ist in dem angeführten Beispiel der widersprechenden Nebenwirkungen einer Scheidung „essentiell"? Das Recht des ausländischen Mannes, das der deutschen Frau oder gar keines? Wenn Cansacchi weiter dafür eintritt[2]), daß die Regelung des Sachenrechts-Einzelstatuts stets den Gesamtstatuten (des persönlichen und güterrechtlichen Eherechts, des ehelichen wie unehelichen Kindschaftsrechts sowie das Adoptions- wie Erbrechts) vorgehe, so ist das viel zu allgemein formuliert und kann im Einzelfall zu unsinnigen Ergebnissen führen. Die Regel[3]), daß bei unüberwindlichen Normen-Widersprüchen schließlich das eigene Recht zu helfen habe, hat einen berechtigten Grund. Nur genügt es m. E. nicht, daß irgendein unüberwindlicher Widerspruch zwischen fremden Rechten vorliegt. Hier hätte Cansacchi vielleicht genauer angeben müssen, welche Widersprüche er meint. Denn es ist zu bezweifeln, daß die lex fori ohne weiteres dann Abhilfe schafft, wenn zwei fremde und möglicherweise von der lex fori ganz abweichende Rechte in Widerstreit geraten sind. Denkbar ist, daß sich aus einer Anwendung der lex fori dann neue Anpassungsprobleme ergeben. Daß bei einer Kumulation mehrerer Rechte nur solche Effekte eintreten können, die im „but" aller Rechte liegen[4]), gehört zum Wesen der Kumulation[5]). Hier interessiert jedoch, wann eine Kumulation angebracht ist.

Durchaus zutreffend ist es, wenn Cansacchi ständig betont, daß eine vernünftige Lösung nur dann zu erwarten ist, wenn der Richter sein Augenmerk nicht auf die gerade in Streit stehenden Vorschriften beschränkt, sondern auch die mit diesen Normen in Zusammenhang stehenden oder stillschweigend von ihnen vorausgesetzten Regeln in seine Überlegung einbezieht[6]). Dieses Verfahren hat Heck[7]) schon 1932 als „Maxime der Generalbeobachtung" empfohlen. Ebenso verdienstvoll ist der Hinweis auf die rechtsvergleichend-zweckerforschende Methode bei der Lösung der Anpassungsprobleme, welche auch Makarov[8]) eingehend begründet hat.

§ 19 4. Neuestens hat Kegel in seinem Lehrbuch[9]) eine diffizile Systematik des von ihm sog. Angleichungsproblems entwickelt. In einer

---

[1]) A. a. O., S. 136 und 142f.
[2]) A. a. O., S. 142f.
[3]) A. a. O., S. 142f.
[4]) A. a. O., S. 142f.
[5]) Lüderitz, Kumulation, §§ 4 und 72ff.
[6]) Rec. 1953 II, S. 150.
[7]) Begriffsbildung und Interessenjurisprudenz, S. 107.
[8]) IPR und Rechtsvergleichung, S. 44. [9]) S. 94—102.

vertieften Durchdringung der schon in der Festschrift für Lewald[1]) und im Soergelschen Kommentar[2]) angedeuteten Gedanken unterscheidet er jetzt schärfer nach der Art der Harmoniestörungen und ihrer Lösung: Alle Anpassungsschwierigkeiten beruhen auf Normenwidersprüchen; diese zerfallen in Widersprüche von der Art „so kann es nicht sein (Seinswidersprüche)" und vom Typ „so soll es nicht sein (Sollenswidersprüche)"[3]). Ein Seinswiderspruch liegt z. B. vor, wenn das Heimatrecht der unehelichen Mutter dieser, das Heimatrecht des unehelichen Vaters dagegen diesem ausschließlich die elterliche Gewalt über das Kind zusprechen. Ein Sollenswiderspruch wäre anzunehmen, wenn in dem oft erwähnten „Schwedenfall" die Frau des deutsch gewordenen Erblassers ein Viertel[4]) des Nachlasses und ein Halb als Anteil am ehelichen Endvermögen nach schwedischem Güterrecht erhält. Logisch ist dies zwar denkbar, teleologisch soll eine solch hohe Beteiligung der Ehefrau nach der Intention beider Rechtsordnungen nicht sein: Das deutsche Recht gibt ihr ein Viertel, das schwedische ein Halb des beim Tode geeinten Vermögens.

Die Sollenswidersprüche unterteilt Kegel in zweiseitige und einseitige, je nachdem ob die Intention beider oder nur einer der beteiligten Rechtsordnungen durchkreuzt wird. In dem zuletzt angeführten Schwedenfall liegt etwa ein zweiseitiger Sollenswiderspruch vor.

Die Lösung dieser Widersprüche nimmt Kegel auf dreifacher Bahn vor[5]):

Prinzipiell zieht er eine international privatrechtliche Lösung vor, da unser IPR — durch seine Aufspaltung eines einheitlichen Lebenssachverhalts nach verschiedenen Anknüpfungsmomenten — erst die Harmoniestörungen geschaffen hat[6]). Das bedeutet: Der Anwendungsbereich einer IPR-Norm wird im konkreten Fall verschoben, um dem — allerdings bereits erkannten — Normenwiderspruch vorzubeugen. Beispielsweise wendet man in dem Schwedenfall nur das Erbstatut an[7]) oder richtet sich bei der Bestimmung des Gewaltstatuts für das uneheliche Kind entweder ausschließlich nach dem Heimatrecht der Mutter, weil „es das Leben so lehrt", daß sie die Hauptperson ist[8]); oder man bevorzugt ausschließlich das Heimatrecht des Vaters, weil etwa in den romanischen Anerkennungssystemen seine Stellung nach der Anerkennung weitgehend der üblichen elterlichen Gewalt eines Ehemannes nachge-

---

1) S. 282ff.
2) Vorbem. Art. 7 I 8 = S. 21f.
3) Lehrbuch, S. 96f.
4) Nach dem Rechtszustand bis zum 1. 7. 1958.
5) Lehrbuch, S. 97—102.
6) Wiethölter hat sich dem angeschlossen (Einseitige Kollisionsnormen, S. 54); mir scheint ein Vorbehalt sowohl gegen den Grundsatz wie auch gegenüber der Begründung angebracht: Vgl. unten § 35 und den Fall des Schenkungswiderrufes nach der Ehescheidung!
7) Kegel, Lehrbuch, S. 99.
8) Raape, Lehrbuch, § 33 II = S. 346.

bildet ist[1]). Auf diese Weise weicht man also der als drohend erkannten Harmonierstörung aus.

Eine andere Möglichkeit ist, die mehreren beteiligten materiellen Rechte im Prinzip nebeneinander zur Anwendung zu bringen, sie aber in Einzelheiten derart abzuwandeln und aufeinander abzustimmen, daß ein leidliches Ganzes entsteht.

Für die Normenwidersprüche vom Typ „so kann es nicht sein" hält Kegel noch eine Reservelösung bereit, nämlich das „materielle Recht im IPR". Dies soll dann gebildet und angewendet werden, wenn eine Änderung der beteiligten materiellen Rechtsordnungen daran scheitert, daß die Harmonisierung einen zu intensiven Eingriff in das Normengefüge erfordert. Kommen etwa Vater und Tochter, die eine verschiedene Staatsangehörigkeit besitzen, bei einem Flugzeugunfall gemeinsam ums Leben, so kann sich die Frage ergeben, wie sich die Erbfolge gestaltet, wenn nach dem Heimatrecht der Tochter das Überleben des Vaters und nach dem Heimatrecht des Vaters das Überleben der Tochter vermutet wird und sich der wirkliche Todeszeitpunkt für beide nicht klären läßt. Kegel bildet einen materiellen Satz im IPR, dessen Inhalt lauten soll, daß beide gleichzeitig gestorben sind. Zu demselben Ergebnis würde Cansacchi gelangen, indem er hier die beiden widersprechenden Rechte durch das — deutsche — Forumsrecht (§ 11 VerschG) ersetzt. Auch Fragistas[2]) ist der Ansicht, daß die beiden Verunglückten sich nicht gegenseitig beerben können. Er begründet das damit, es fehle an dem Erfordernis, daß der Erbe den Erblasser nach allen beteiligten Rechten überlebt habe (Kumulation). Bei Anwendung allgemeiner Auslegungsvorschriften schließlich wäre davon auszugehen, daß sich die unüberwindlich widersprechenden Normen gegenseitig aufheben[3]). Diese abweichenden Begründungen scheinen es erforderlich zu machen, die Notwendigkeit eines materiellen Rechts im IPR noch genauer zu überprüfen[4]).

Abgesehen von diesen notwendigen Abhilfen bei Seinswidersprüchen differenziert Kegel bei den Sollenswidersprüchen noch stärker: Bei beiderseitigen (und, was gewiß gleichzustellen ist, bei mehrseitigen) Normenwidersprüchen vom Typ „so soll es nicht sein" müsse immer angepaßt werden. Wenn dagegen ein einseitiger Sollenswiderspruch im ausländischen Recht vorliege, so werde dort — im Interesse einer realen Entscheidung — keine neue ad hoc-Regel geschaffen; vielmehr sei nur dann Abhilfe zu schaffen, wenn eine bereits vorhandene Hilfslösung verwertet werden könne. Trete der einseitige Sollenswiderspruch umgekehrt im deutschen Recht auf, so müsse hier angeglichen werden.

---

[1]) Soergel, Art. 21 I 2 = S. 222. [2]) Festschrift Laun, S. 704f.

[3]) Heck, Begriffsbildung und Interessenjurisprudenz, S. 110; Nipperdey, Allg. Teil I, S. 209 u. 218; Raape, Lehrbuch, § 49 V = S. 485; Engisch, Einführung, S. 159.

[4]) Köhn (KTSch. 1956, S. 169 Anm. 26) hält die „Neubildung materiellen (!) Rechts im IPR für eine ‚Utopie'", während Wengler (Festschrift der jur. Fakultät der FU Berlin, S. 351) zweifelt.

Diese Unterscheidung ist insofern berechtigt, als ganz geringfügige Harmoniestörungen unbeachtlich bleiben können[1]). Nicht zutreffend erscheint es aber, in ausländischen einseitigen Sollenswidersprüchen regelmäßig eine solche Geringfügigkeit zu erblicken, daß ein Eingriff in das fremde Recht nicht zulässig sei. Sollenswidersprüche können gröber sein als Seinswidersprüche; letztlich ist das keine Frage der Qualität, sondern der quantitativen Auswirkung, gemessen an den hypothetischen Ergebnissen in den einzelnen Rechtsordnungen. Außerdem fragt sich, wie Kegels Regel weiter helfen soll, wenn ein einseitiger Sollenswiderspruch bei der Anwendung zweier ausländischer Rechte auftaucht. Wird hier dennoch angepaßt? Das wäre unverständlich, da das Bedürfnis nach einer Harmonisierung durch die Beteiligung der lex fori nicht geringer wird; oder wird nicht angepaßt? Vielleicht könnte das zu widersinnigen Ergebnissen führen!

Hinzu kommt ein weiteres Bedenken: Es scheint mir nicht ganz sicher zu sein, daß nur in der Rechtsordnung angepaßt wird, welche den Widerspruch aufweist; denkbar ist auch, daß die intentional „an sich erfüllte" Rechtsordnung der widersprechenden Rechtsordnung angepaßt wird. Insofern würde ich eine etwas elastischere Regelung befürworten.

---

[1]) Wengler, ZÖffR 23, S. 499; Engisch, Einführung, S. 161 und 164.

Zweiter Hauptteil

Der dogmatische Standpunkt der Anpassung im Rechtssystem

I. Die Anpassung von Rechtsnormen jeder Art

Anpassen heißt nach der früher bereits erarbeiteten Definition:

Bei der Anwendung einer Rechtsnorm wird berücksichtigt, daß die Summe der auf diesen Sachverhalt anzuwendenden Rechtssätze verschiedenen, nicht aufeinander abgestimmten Rechtsordnungsfragmenten entnommen wird bzw. ohne den Anpassungsvorgang zu entnehmen wäre. Demnach werden Rechtsnormen angepaßt, und zwar Rechtsnormen aller Art, aber auch nur diese.

Ich kann mir an dieser Stelle ersparen, Belege für die Anpassung von privatrechtlichen Normen anzuführen; denn der dritte Hauptteil wird dafür eine Fülle von Beispielen bringen. Hier möchte ich vielmehr nachweisen, daß auch öffentlich rechtliche Vorschriften der Anpassung unterliegen.

§ 20 1. Das Steuerrecht bietet reizvolle und zugleich recht instruktive Beispiele.

Im Rahmen bilateraler Besteuerungsabkommen[1]) oder auch als unilaterale Besteuerungsmaßnahmen (vgl. §§ 34 c EStG und 19 a KStG) kann bestimmt sein, daß auf eine näher bezeichnete inländische Steuer die im Ausland erhobene „entsprechende" Steuer anzurechnen ist[2]). So lautet etwa § 34 c I EStG:

> „Bei unbeschränkt Steuerpflichtigen, die mit ihren aus einem ausländischen Staat stammenden Einkünften in diesem Staat zu einer der deutschen Einkommensteuer entsprechenden Steuer herangezogen werden, ist die festgesetzte und gezahlte ausländische Steuer auf die deutsche Einkommensteuer anzurechnen, die auf die Einkünfte aus diesem Staat fällt."

Solche Vorschriften entscheiden gleichsam die methodisch an erster Stelle zu prüfende Frage, ob sie ihren tatbestandlichen Bereich auf inländische Vorfälle beschränken, ausdrücklich im verneinenden Sinn[3]). Die Art und Weise nun, auf welche zu ermitteln ist, ob eine ausländische Steuer der deutschen Einkommensteuer entspricht, enthält einen Anpassungsvorgang. Sie stellt haargenau das Verfahren der Lewaldschen „Substitution" dar und deckt sich mit der Wenglerschen Frage nach der

---

[1]) Z. B. BGBl. 1958 II, S. 158ff. mit der Südafrikanischen Union, Art. II.

[2]) Dazu schon Wengler, Probleme der internationalen Doppelbesteuerung, S. 142ff.; neuestens Vogel, AWD 1958, S. 42ff.

[3]) Dazu Dölle, Jahrbuch, S. 41.

„Prädestiniertheit" eines Rechtsnormteiles[1]), welcher ausländischem Recht unterliegt, zur Ausfüllung einer inländischen Vorschrift. Allgemeine Kriterien zur Beantwortung dieser Fragen wären etwa[2]):

Wird die ausländische Steuer im ganzen Staatsgebiet einheitlich erhoben?

„Eine ausländische Steuer, die nach den Gesetzen einer Provinz, eines Landes oder einer anderen Gebietskörperschaft des ausländischen Staates erhoben wird, entspricht nicht der deutschen Einkommensteuer; das Gleiche gilt für eine ausländische Steuer, die durch eine Gemeinde oder einen Gemeindeverband eines Staates erhoben wird, z. B. eine Bürgersteuer (§ 68 a EStDV 1957)."[3])

Sodann: Wird die betreffende Person nach beiden Steuersystemen in derselben Eigenschaft besteuert?

In diesem Zusammenhang können sich Fragen ergeben, die etwa dem oben beschriebenen Fall einer Überkreuzung der Unterhaltspflicht zwischen Ehegatten parallel laufen[4]). Dort waren sich sowohl das österreichische als auch das deutsche Recht darin einig, daß der Ehemann seine Frau unterhalten muß. Das deutsche Recht statuierte diese Pflicht unter die persönlichen Rechtsbeziehungen, das österreichische unter die Güterrechtsbeziehungen der Ehegatten. Hier sind sich Deutschland und Pakistan darüber einig, daß die Aktionäre einer AG ihren Gewinn nicht unversteuert einstecken dürfen. Deutschland versteuert dabei den Gewinn des Einkommens; Pakistan behandelt „die von der . . . Gesellschaft zu zahlende Steuer als Vorauszahlung auf die den Aktionär treffende Einkommensteuer"[5]). Kann eine solche von der Gesellschaft gezahlte Steuer auf die inländische Einkommensteuer des Aktionärs angerechnet werden? Ob Vogel recht hat, wenn er dies mit dem Hinweis verneint, daß es sich vom deutschen Steuerrecht aus gesehen um eine Körperschaftssteuer handelt, mag zunächst dahinstehen. Hier sollte nur aufgezeigt werden, daß die typischen Fallsituationen, welche eine Anpassungsfrage aufwerfen, im öffentlichen Recht ebenso auftreten wie im privaten. Ganz allgemein läßt sich das Problem hier dahingehend erweitern:

Fall a) Der Staat P hofft, den steuerlichen Anteil am Gewinn der Aktionäre durch eine entsprechend hohe Körperschaftsteuer abzuschöpfen; der Staat D dagegen erhebt eine besondere Einkommensteuer.

Fall b) Der Staat P erhebt eine besondere Einkommensteuer, während der Staat D nur die erhöhte Körperschaftsteuer kennt. Wann kommt nun der Aktionär in den Genuß des Vorteils einer Vorschrift wie des § 34 c EStG (a) oder des § 19 a KStG (b), welche im Staate D gelten sollen[6])?

---

[1]) Wengler, ZAIP 8, S. 174. Es wird später zu erörtern sein, warum hier ein besonderes Anpassungs- und kein Vorfragenproblem vorliegt; vgl. unten § 33!

[2]) Vogel, AWD 1958, S. 43 unter Nr. 3.

[3]) Vogel, a. a. O.

[4]) Raape, Lehrbuch, § 31 B V 1 = S. 319.

[5]) Vogel, a. a. O.

[6]) Eines ist klar: Wenn beide Staaten dieselben Steueranrechnungsmöglichkeiten für beide Steuern kennen, taucht das Problem nicht auf.

Mir scheint, Vogel hat in beiden Fällen recht: „Die ausländische Körperschaftsteuer, die den Gewinn der Gesellschaft betrifft, der zur Ausschüttung der Dividende verwendet wird, ist nicht anrechnungsfähig." Sein Hinweis, es fehle für die Anrechnung an einer besonderen Vorschrift, ist allerdings verfehlt; wenn immer besondere Vorschriften vorhanden wären, gäbe es keine Anpassungsprobleme mehr. Zutreffend dürfte aber sein, daß eine solche Anrechnung der steuerlichen Behandlung entsprechender inländischer Dividenden-Einkünfte widerspricht und praktisch die Ermittlung der anteiligen Körperschaftsteuer auf unüberwindliche Schwierigkeiten stößt. Dasselbe gilt vice versa für die Verrechnung der im Ausland gezahlten Einkommensteuer auf die inländische Körperschaftsteuer (b). Hier scheitert also die Anpassung an typisch steuerrechtlichen Eigenheiten des jeweiligen Systems.

Wesentlich schwieriger gestalten sich Fälle, in denen geklärt werden muß, ob ausländische Sachverhalte unter eine inländische Norm subsumiert werden können, obwohl der „versöhnende"-einfügende ausdrückliche Gesetzeshinweis fehlt. Ein — auch in methodischer Hinsicht — recht instruktives Beispiel bildet ein kürzlich vom BFinH[1]) entschiedener Rechtsstreit.

Hier sollte der Trustee eines englischen Nachlasses erst 21 Jahre nach dem Tode des Erblassers innerhalb eines abgegrenzten Personenkreises die Nachlaßbegünstigten und deren Anteile bestimmen sowie ihnen die Substanz des Nachlasses übertragen. Bei der Beantwortung der Frage, ob (auch hinsichtlich des in England gelegenen Vermögens) schon heute ein steuerpflichtiger Erbanfall anzunehmen sei, macht der BFinH folgende vorbildlichen Ausführungen:

> „Das ErbStG ist auf dem BGB aufgebaut. Es verwendet die Begriffe des BGB. Grundsätzlich hat deshalb die Besteuerung eines Erbfalls nach dem ErbStG auf der Grundlage der Begriffe des BGB zu erfolgen. Wenn Rechtsformen ausländischen Rechts, die vom deutschen Erbrecht abweichen, wie z. B. die Rechtsform eines britischen Trusts, im Einzelfall zu beurteilen sind, so ist nach § 1 StAnpG der Sinn und Zweck der deutschen Besteuerungsvorschriften maßgebend. Daher ist in solchen Fällen zu prüfen, ob und inwieweit jene ausländischen Rechtsformen als von der deutschen Besteuerung betroffen anzusehen sind. ... Es ist daher hinsichtlich des außerhalb Deutschlands belegenen Teiles des Nachlasses zu prüfen, welche Rechtsgestaltungen sich nach englischem Recht ergeben und welche Anwendung des deutschen Erbschaftsteuerrechts auf sie nach den Begriffen des BGB in Betracht kommen kann."

Der BFinH arbeitet sodann aus einer Analyse des materiellen englichen Erbrechts den Dualismus zwischen legal ownership des Trustee und equitable ownership der Testamentsbegünstigten heraus. Auf dieser

---

[1]) NJW 1958, S. 766.

Grundlage untersucht er dann eingehend, wie der genannte Eigentums-Dualismus sich in der Erbschaftbesteuerung auswirkt.

Der BFinH denkt an einen Vergleich mit dem Ober- und Untereigentum bei den früheren Fideikommissen, lehnt die Verwertung dieser Parallele für das Steuerrecht jedoch ab, weil diese Rechtsform heute nicht mehr vorkommt. Auch die Parallelsituation einer Trennung zwischen rechtlichem und wirtschaftlichem Eigentum, wie sie im Steuerrecht geläufig ist, vermag hier nicht weiter zu helfen; denn der Trustee kann deshalb einem Steuerpflichtigen wirtschaftlich nicht als Eigentümer gleichgestellt werden, weil er ja gar keine endgültige bereichernde Zuwendung vom Erblasser erhalten hat. Aus demselben Grund kann er nicht etwa als Vorerbe im Sinne des § 7 ErbStG betrachtet werden. Auch eine Zweckzuwendung auf ein stiftungsähnliches Gebilde lehnt der BFinH ab.

Er gelangt schließlich zu dem Ergebnis, daß „bloße Anwartschaften, deren Verwirklichung nicht von dem Willen der Anwärter abhängt, nicht erbschaftsteuerpflichtig" sind, wobei er zu Recht auf § 23 III ErbStG hinweist. Nach dieser Bestimmung gehört die Anwartschaft eines Nacherben nicht zu seinem Nachlaß und ist folglich nicht steuerpflichtig. Der BFinH erachtet vielmehr den ihm zur Entscheidung vorgelegten Fall als einem Erwerb „unter einer aufschiebenden Bedingung" gleichwertig (§ 14 Nr. 1a ErbStG).

An dieser Begründung ist besonders bemerkenswert, wie der BFinH auf der Grundlage einer relativ-rechtsvergleichenden Analyse des materiellen in- sowie ausländischen Erbrechts ein fremdes Erbrechtsinstitut in die Kategorien des heimischen Erbschaftssteuerrechts „einarbeitet".

§ 21 2. Ein weiteres Beispiel für die Anpassung öffentlich rechtlicher Normen entnehme ich einer Entscheidung des BSG[1]).

Der Ausgang des Rechtsstreits hing davon ab, „ob das soziale Sicherungssystem in der Sowjetunion u. a. als eine ‚gesetzliche Rentenversicherung' im Sinne des FremdRG ‚gelten' kann". Auch das BSG analysiert das fremde Rechtsinstitut — hier das soziale Sicherungssystem der Sowjetunion — eingehend[2]).

Es gelangt dabei zu folgendem Ergebnis:

„Mit dem Gesetzeszweck unvereinbar erscheint es, als Rentenversicherung bei einem nicht deutschen Versicherungsträger nur solche Sicherungssysteme anzusehen, die nach ihrem materiellen Recht,

---

[1]) ROW 1958, S. 125, zu §§ 1 I Nr. 2 VI, 4 I FremdRG. Ähnlich OVG Hamburg, DVBl. 1959, S. 36 = MDR 1959, S. 154 (auch Nichtdeutsche dürfen nach § 2 SchwBeschG den Schwerbeschädigten gleichgestellt werden).

[2]) Der allgemeine Satz, daß es als Revisionsgericht nicht an die vom Berufungsgericht über den Inhalt des ausländischen Rechts getroffenen Feststellungen gebunden sei, dürfte schwerlich mit der Rechtsprechung des RG vereinbar sein. Zutreffend war hier jedoch, daß das BSG diese Feststellungen nachprüfen konnte; aber nicht, weil es an die Feststellungen gebunden wäre, sondern weil von der betreffenden Feststellung des Inhalts russischen Rechts die richtige Anwendung der inländischen Normen des FremdRG abhängt.

ihrem Organisationsrecht und nach der Gestaltung des Rechtsschutzes mit dem Sozialversicherungssystem in der Bundesrepublik übereinstimmen. Es kann deshalb nicht darauf ankommen, wie der Personenkreis, der von der auswärtigen Einrichtung betreut wird, abgegrenzt ist, ob die Leistungen an die Berechtigten auf deren Beiträgen beruhen und sich nach der Höhe dieser Beiträge richten, welches Deckungsprinzip gewählt wird, ob selbständige Versicherungsträger bestehen und ob die Entscheidungen der Bewilligungsstellen gerichtlich nachprüfbar sind. Merkmale dieser Art sind auch der deutschen Sozialversicherung nicht uneingeschränkt eigentümlich."

Nach der Ansicht des BSG kommt es allein darauf an, ob die beiden zu vergleichenden Sicherungssystem „als grundsätzlich vergleichbar gegenübergestellt" werden können.

Nur zwei Gesichtspunkte dieser bemerkenswerten Entscheidung seien herausgehoben: Einmal der Durchgriff auf den Gesetzeszweck und sodann das daraus abzuleitende Absehen von der Übereinstimmung in Einzelheiten. Lediglich eine vergleichbare, d. h. aber „äquivalente" Lösung im Sinne Lewalds wird verlangt.

§ 22 3. Auch im Bereiche des Prozeßrechts tauchen Anpassungsschwierigkeiten auf. Die Regel, daß jede Behörde und jedes Gericht nach seinem Verfahrensrecht vorzugehen hat, müßte dies eigentlich ausschließen[1]). Doch diese Regel gilt nicht ausnahmslos.

Wenn in einem inländischen Prozeß ein Rechtshilfeersuchen, etwa eine Zeugenvernehmung, durch ein ausländisches Gericht ausgeführt wird, so können daraus Anpassungsprobleme entstehen. Und zwar sowohl für das inländische Prozeßgericht, wenn etwa das ausländische Gericht den betreffenden Zeugen nach seinem Verfahrensrecht vernimmt, als auch für das ausländische Gericht, wenn etwa dieser Zeuge auf Wunsch des inländischen Gerichts nach inländischen Regeln vor dem ausländischen Gericht vernommen werden soll. Ausdrückliche Vorschriften über die Verwertung von in ausländischen Prozessen gewonnenen Beweisergebnissen für ein inländisches Verfahren fehlen. Auch § 369 ZPO regelt diesen Fall nur unvollkommen[2]). Wie ist es z. B., wenn ein Zeuge im Ausland durch — nach deutschem Verfahrensrecht unzulässigen — Ausforschungsbeweis zu einer Äußerung veranlaßt worden ist und diejenige Partei, welcher diese Aussage ungünstig ist, ihrer Verwertung im deutschen Prozeß widerspricht[3] ?)

Oder: Ein ausländisches Rechtshilfegericht hat gemäß seinem Verfahrensrecht durch willensbeeinflussende Zwangsmittel (außerhalb des Bereichs prozessualer Beugestrafen) eine Zeugenaussage erwirkt; ist diese in einem deutschen Prozeß beweiskräftig oder wird man hier auf die

---

[1]) Vgl. VGH Kassel u. OVG Münster, DVBl. 1959, S. 105f. zu einem interlokalrechtlichen Anpassungsproblem (Verweisung und Bindung).

[2]) Vgl. Riezler, Internationales Zivilprozeßrecht, S. 97ff.

[3]) Sonst würde wohl § 295 I ZPO eingreifen.

§§ 136 a, 161 II StPO als unüberschreitbare Schranke unseres Verfahrensrechts zurückgreifen müssen? Im letzteren Fall möchte ich annehmen, daß ein Zusammenspiel der beiden Verfahrensordnungen an ihren verschiedenartigen Vorstellungen über die rechtsstaatliche Grenze, die den Einwirkungsmöglichkeiten eines Gerichts auf die Prozeßsubjekte gezogen ist, scheitert.

In dem ersten Beispiel neige ich dazu, die Verwertung der „erforschten" Aussage zuzulassen. Immerhin ist auch in deutschen — von der Untersuchungsmaxime beherrschten — Statusverfahren ein Ausforschungsbeweis zulässig. Sodann sollte man erwägen, daß es mißlich ist, dem Gericht die Verwertung einer Aussage zu untersagen, wenn nun einmal der Zeuge diese Aussage getan hat. Wenn also der Ausforschungsbeweis sich in den Grenzen des ausländischen Verfahrensrechts gehalten hat, so kann man das damit erzielte Beweisergebnis m. E. auch in einem inländischen Prozeß verwerten.

Ein typisches Anpassungsverfahren erfordert auch Art. 14 Abs. II des Haager Zivilprozeßabkommens:

> „Jedoch ist dem Antrag der ersuchenden Behörde, daß nach einer besonderen Form verfahren werde, zu entsprechen, sofern diese Form der Gesetzgebung des ersuchten Staates nicht zuwiderläuft."

Wenn also etwa ein deutsches Gericht um Rechtshilfe ersucht würde und dabei beantragt worden wäre, einen Zeugen den Voreid leisten zu lassen, so wäre diesem Verlangen zu entsprechen. Für Zeugen kennt allerdings das deutsche Verfahrensrecht keinen Voreid mehr, wohl aber läßt es ihn für Sachverständige zu (§ 410 I 1 ZPO). Daraus ergibt sich ohne weiteres, daß ein Zeugenvoreid sich in unser Prozeßrecht „einarbeiten" läßt.

§ 23 4. Auch im Strafrecht stellt sich mitunter die Anpassungsfrage: Wenn „eine" im Ausland vollzogene Strafe gemäß § 7 StGB auf „eine" im Inland erkannte Strafe angerechnet werden soll, so wird ein Vergleich des deutschen mit dem ausländischen Strafensystem erforderlich[1]). Hat jemand im Ausland ein Jahr „schweren Kerker" verbüßt und wird er im Inland wegen derselben Tat[2]) zu 18 Monaten Gefängnis verurteilt, so muß der Richter zu ermitteln suchen, inwieweit die Kerkerstrafe mehr der deutschen Zuchthaus- oder mehr der Gefängnisstrafe gleicht, und in welchem Verhältnis er sie folgeweise anrechnen kann (§ 21 StGB).

Hierbei wird nicht nur die gesetzliche Ausgestaltung der Strafe, sondern auch der praktische Vollzug eine ausschlaggebende Rolle spielen. Wird etwa die Kerkerstrafe nur von einer gewissen hohen Mindestzeit an verhängt und knüpfen sich an diese Verurteilung ehrenmindernde Folgen im öffentlichen Wirkungsbereich, so dürfte sie der

---

[1]) Dazu Schönke-Schröder, StGB, § 7 III.

[2]) Das Verbot des „ne bis in idem" (Art. 103 III BGG) steht nicht im Wege, weil ein ausländischer Staat nicht den Strafanspruch des deutschen Staates verbrauchen kann. Vgl. auch § 153b Nr. 3 StPO!

deutschen Zuchthausstrafe gleichzustellen sein. Unerheblich ist dann, ob die ehrenmindernden Folgen automatisch kraft Gesetzes oder etwa nur durch eine besondere Verwaltungsentscheidung eingetreten. Umgehrt läßt sich vielleicht aus dem Vollzug der Strafe mit anderen zu gewöhnlichen Freiheitsstrafen Verurteilten ein Rückschluß für eine Gleichstellung mit der Gefängnisstrafe ziehen.

Dasselbe Problem taucht in § 38 I StrafRegVO auf:

„Für die Anwendung der Vorschriften über die Erteilung von Auskunft aus dem Strafregister und die Tilgung von Strafvermerken sind bei Verurteilungen im Ausland die ausländischen Strafen der deutschen Straftat gleichzustellen, der sie nach ihrer Stellung im fremden Strafensystem am meisten entsprechen."

Schließlich sei auf BGHSt. Band 7, S. 15 verwiesen: Die Vernehmung vor einem Schweizer Staatsanwalt ist der von § 251 I StPO vorausgesetzten „gleichzustellen".

§ 24 5. Schließlich sei noch ein Beispiel aus dem Verwaltungsrecht erwähnt[1]). Die Bauordnung eines Baubezirks bestimmt, daß der Nachbar ebenso wie der Grundeigentümer nicht näher als fünf Meter an die Grenze ihres Grundstücks bauen dürfen. Dagegen läßt die Bauordnung des Nachbarbezirks es zu, daß bis an die Grenze heran gebaut wird. Der Widerspruch mag sich daher erklären, daß die beiden Baubezirke verschiedenen Wohnsiedlungsgebieten angehören. Der „Zusammenstoß" an der Grenze der beiden Bauordnungen wird nun prekär:

Der eine Nachbar baut — nach seinem Ortsrecht zulässig — direkt an die Grenze seines Grundstücks. Der andere, über diese Beeinträchtigung von Ausblick und Sonne erbost, möchte das entstandene Dilemma so lösen, daß er seinerseits auch — an der Grenze — an das andere Haus anbaut. Aber daran hindert ihn (wenigstens formell) seine Bauordnung. Sinnvollerweise kann dies Gebot jedoch nur gelten, wenn auch der Nachbar nicht näher als fünf Meter an die Grenze bauen darf. Ist dieses hypothetisch vorausgesetzte „wie du mir nicht, so ich dir nicht" gestört, kann es m. E. nur recht und billig sein, wenn jetzt auch der andere Nachbar an die Grenze heranbauen kann[1]).

6. Ein Beispiel für die Anpassung von öffentlichrechtlichen Haftungsbestimmungen (Art. 34 BGG) und Kirchenrecht wurde schon erörtert[2]). Anschauliche Fälle für die Anpassung von in- bzw. ausländischem Arbeitsschutzrecht an aus- bzw. inländisches Arbeitsvertragsrecht entwickelt Gamillscheg[3]).

---

[1]) Es ist dies zwar dem „interlokalen" Bereich entnommen; das schadet aber nichts, da es hier nur um den Nachweis geht, daß öffentlich rechtliche Normen der Anpassung unterliegen. Der privatrechtliche Parallelfall (§ 906 BGB) läßt sich übrigens der Entscheidung RGZ 122, 196 entnehmen (dazu Raape, Lehrbuch, § 62 A III = S. 589).

[1]) Die Praxis wird hier freilich mit einem Dispens helfen können.

[2]) BGH, JZ 1957, S. 506.

[3]) ZAIP 23, S. 837, 839, 845 u. Arbeitsrecht, S. 199ff.

II. Die Umdeutung von Rechtsgeschäften

§ 25 Rechtsnormen werden angepaßt; dagegen gibt es keine Anpassung von rechtserheblichen Handlungen, Willenserklärungen[1]) oder Rechtsgeschäften. Theoretisch sollte dies nicht bezweifelt werden, denn das Anpassungsphänomen verlangt, daß Teile verschiedener Rechtsordnungen sich „reiben" (das würde vielleicht dem Ausdruck Normenhäufung entsprechen) oder „auseinanderklaffen" (Normenmangel). Die Fälle, die Lewald[2]) und seine Anhänger großenteils unter die Kategorie der Transposition einreihen, enthalten demgegenüber keinerlei Harmoniestörungen zwischen verschiedenen Rechtsordnungen. Wenn z. B. ein Italiener testiert: „Falls meine Tochter sich von ihrem Mann trennen sollte, enterbe ich sie"[3]), so trifft das gewiß den Sachverhalt, daß die Frau durch Urteil von ihrem italienischen Gatten getrennt wird. Eine Umdeutungsfrage taucht nun auf, wenn die Frau nach ihrer Einbürgerung in Deutschland ihre Scheidung (Art. 17 III EGBGB) erreicht. A minore ad maius wird man sagen können, daß die Trennung dem Bande nach erst recht zur Enterbung führt. Aber wie, wenn sich die Frau in Deutschland nur faktisch von ihrem Manne trennt? Und wie in dem umgekehrten Falle, daß ein deutscher Erblasser testiert hat: „Meine Tochter ist enterbt, wenn sie sich scheiden läßt?" Die Frau soll später nach italienischem Recht getrennt werden; trifft sie die Enterbung?

Daß diese Fragen besonders im Erbrecht auftreten, möge ein anderes Beispiel dartun: Ein Schweizer vermacht dem X testamentarisch sein in Deutschland belegenes Haus. Falls dieses Vindikationslegat mit Rücksicht auf das deutsche Grundbuchsystem oder gar wegen Verstoßes gegen den sog. numerus clausus der Sachenrechte nicht anerkannt werden könnte[4]), stellt sich die Frage, ob die betreffende testamentarische Anordnung in ein Damnationslegat (§ 2174 BGB) oder in eine Miterbeneinsetzung mit Teilungsanordnung umzudeuten ist.

Die von Kegel[5]) angedeutete Lösungsmöglichkeit mit Hilfe der Regeln über den Wegfall der Geschäftsgrundlage wird naturgemäß im Schuldvertragsrecht praktisch werden.

Die angeführten Beispiele beweisen, daß Reibungen und Lücken zwischen verschiedenen Rechtsordnungen nicht bestehen. Vielmehr gibt es eine „Verstimmung"[6]) zwischen Rechtsgeschäft und dessen

---

[1]) Zu denen ich in diesem Zusammenhang auch die sog. Gesamtakte von Organen juristischer Personen usw. zähle. Ein Beispiel bei Raape, Lehrbuch, § 25 VI 1 = S. 197: Der Beschluß einer inländischen AG, den Gesellschaftssitz ins Ausland zu verlegen, wird gemäß § 140 BGB in einen Auflösungsbeschluß umgedeutet (RG, JW 1934, S. 2969; A. A. Süß, Festschrift Lewald, S. 603ff.).

[2]) Rec. 1939 III, S. 127.

[3]) Was auch im deutschen Recht zulässig wäre, § 2075 BGB.

[4]) Für eine Anerkennung zu Recht: Raape, Lehrbuch, § 56 VII 6 a = S. 551; vgl. auch Staudinger-Gramm zu Art. 213 EGBGB, S. 531 Mitte!

[5]) Soergel, Vorbem. Art. 7 I 10 = S. 22.

[6]) Wolff (Private International Law, Nr. 567) spricht von „differ in pitch".

Auslegung auf der einen sowie Rechtsnorm und deren Anwendung auf der anderen Seite. Dieses Phänomen bezeichnen manche[1]) als „Handeln unter falschem Recht". Ich möchte allerdings die Bezeichnung Gottheiners vorziehen und im folgenden der Anpassung von Rechtsnormen die Umdeutung von Rechtsgeschäften gegenüberstellen. Der Ausdruck „Handeln unter falschem Recht" erfaßt, sprachlogisch gesehen, nur die Fälle, in denen sich der rechtsgeschäftlich Handelnde darüber irrt, nach welchem Recht seine Willenserklärung beurteilt werden wird. Der Engländer, der glaubt, er werde als „britischer Staatsangehöriger" sterben und sein Testament in englischen Erbrechtsbegriffen abfaßt, irrt sich, wenn er vor seinem Tode noch Deutscher wird und dann nach dem BGB beerbt wird, ohne daß er zuvor sein Testament geändert hätte[2]). Dagegen wird das Testament jenes Deutschen nach dem von ihm vorgestellten deutschen Recht beurteilt, einerlei ob seine Tochter nach deutschem Recht geschieden oder nach italienischem getrennt wird. Er handelt nicht „unter" falschem Recht; höchstens andere unter anderem, wenn auch nicht falschem Recht. Dieses Recht hat er allerdings nicht in seine Dispositionen einbezogen; aber das liegt nicht an ihm.

Das in diesen Fällen stets vorhandene Problem enthält eine Auslegungsschwierigkeit; freilich wird man weniger den realen Willen auslegen als den hypothetischen unterlegen. Aber es geht allein darum, ob sich die anders als vorgestellt geschehenen Ereignisse in die vom Erklärenden gebrauchten Worte und ihren Sinn einordnen lassen; darum „Umdeutung". Eine solche Unterscheidung zwischen Anpassung von Rechtsnormen und Umdeutung von Rechtsgeschäften ist innerlich nur dann gerechtfertigt, wenn auch die Methode der Anpassung sich von der der Umdeutung abhebt. Dies könnte man in Frage stellen. Vischer[3]) geht davon aus, daß sowohl das Transpositions- wie das Substitutionsproblem mit Hilfe des Begriffs von der Äquivalenz zu lösen seien. Die für die Transposition maßgebliche Frage lautet danach: Bestehen äquivalente Rechtsinhalte in der Rechtsordnung, in welche transponiert werden soll?

An sich läßt sich nichts dagegen einwenden, daß sowohl die Möglichkeit einer Substitution wie einer Transposition „die" Äquivalenz voraussetzt. Aber der Begriff dieser Äquivalenz ist derart weitgefaßt, daß ich Engischs Bedenken[4]) nur teilen kann. Es wird in dieser Fassung ein schillernder und allzu unbestimmter Begriff zum Angelpunkt des Schließens gewählt. Die Frage ist doch gerade, ob nicht „die" Äquivalenz bei der Transposition nach anderen Gesichtspunkten zu ermitteln ist, als bei der Substitution etwa.

---

[1]) Soergel, Vorbem. Art. 7 I 10 = S. 22.

[2]) Art. 24 III EGBGB betrifft nur die Gültigkeit des Testaments, während das Erbstatut ausschließlich nach dem Heimatrecht zur Zeit des Erbfalls bestimmt wird.

[3]) Rechtsvergleichende Tatbestände, §§ 5 und 6.

[4]) Einführung, S. 143.

Die Ausführungen von Gottheiner[1]) zu dieser Problematik scheinen mir widerspruchsvoll zu sein. Einmal stellt er als Ziel der Umdeutung einen gleichen wirtschaftlichen, das andere Mal einen annähernd gleichen oder ähnlichen rechtlichen Erfolg hin. Das braucht sich nicht immer zu decken.

Auch der Hinweis, daß sowohl bei der Auslegung von Gesetzen wie bei der Auslegung von Rechtsgeschäften „der wirkliche Wille zu erforschen“ sei (§ 133 BGB)[2]), kann m. E. keinen Anhaltspunkt für eine Gleichbehandlung von Anpassung und Umdeutung abgeben. Diese Ansicht beruht ohnehin auf der subjektiven Auslegungsmethode der Andeutungstheorie[3]), welche gerade im Umkreis der Anpassung nicht sachgerecht erscheint.

Ausschlaggebend für eine Trennung der Anpassung von der Umdeutung sollte sein, daß sie zwar technisch gesehen Parallelvorgänge darstellen, materiell jedoch nach verschiedenen Kriterien wirksam werden. Ausgangspunkt für die Anpassung war, wie ich bereits dargelegt habe, daß sie den rechtslogischen Zusammenhang, die Einheit der Rechtsordnung unter verschiedenen nur bruchstückhaft angewendeten Rechtsordnungen herstellen soll. Daher ist bei der Anpassung die Gesamtregelung der in Widerstreit stehenden Rechtssysteme zu berücksichtigen und aus einem Vergleich ihrer abstrakt gehaltenen Interessenwertungen zu entnehmen, wie sich aus ihnen eine logische und teleologische Einheit verschmelzen läßt.

Ausgangspunkt für die Umdeutung ist, daß sie den ganz überwiegend nicht juristisch, sondern wirtschaftlich denkenden Parteien ohne Rücksicht auf die gerade anwendbare Rechtsordnung einen ihren Vorstellungen bzw. Wünschen entsprechenden, d. h. eben gleichwertigen Erfolg verschaffen soll. Daher ist bei der Umdeutung der entscheidende Akzent auf eine Berücksichtigung des von den Beteiligten intendierten Enderfolgs zu setzen. Ist dieser ermittelt — und dabei können völlig außerhalb der Rechtsordnung liegende Umstände herangezogen werden —, so muß der Richter sich gleichsam in die Rolle eines beratenden Notars oder Anwalts versetzen und versuchen, für den gewollten wirtschaftlichen Erfolg eine adäquate juristische Kategorie der von ihm für anwendbar gehaltenen Rechtsordnung zu ermitteln.

Bei der Anpassung ergeben sich somit Möglichkeiten und Grenzen für eine Rechtsnormabwandlung aus den anwendbaren Rechtsordnungen. Bei der Umdeutung folgen Ziel und Zweck der rechtlichen Einkleidung aus dem Parteiwillen. Die Anpassung verändert die Rechtsnorm, sei es in ihrem voraussetzenden-tatbestandlichen Teil, sei es in ihrem anordnenden Rechtsfolgeteil; die Umdeutung läßt die Norm unangetastet und sucht lediglich eine sachentsprechende Auslegung

[1]) Diss., S. 141 einerseits, S. 181 andererseits.

[2]) Nipperdey, Allg. Teil I, S. 195 für die Gesetzesauslegung, II S. 894 für die Interpretation von Willenserklärungen.

[3]) Nipperdey, Allg. Teil I, S. 199.

des Geschäftswillens zu verwirklichen. Wo eine Umdeutung möglich ist, bleibt für eine Anpassung überdies kein Raum: Läßt sich feststellen, daß die Parteien nicht nur ein besitzloses Pfandrecht, sondern sogar eine Sicherungsübereignung vorgenommen haben, so wird die Frage gegenstandslos, ob und gegebenenfalls wie ein solches besitzloses Pfandrecht in die deutsche Sachenrechtsordnung eingepaßt werden kann.

Ein Beispiel[1]) mag das alles verdeutlichen:

Ein Engländer setzt die noch ungeborenen Kinder eines mit ihm befreundeten Ehepaars testamentarisch zu „residuary legatees" ein. Noch vor seinem Tode wird er Deutscher, verändert das Testament jedoch nicht mehr und stirbt. Wer ist Inhaber des Nachlasses, solange keine Kinder geboren sind? Diese Frage wird vom deutschen Recht beantwortet (Art. 24/25 EGBGB). Das deutsche Erbrecht überläßt die Bestimmung des Erben, da ein gültiges Testament vorhanden ist (Art. 24 III EGBGB), dem Willen des Erblassers (§§ 1937f. BGB). Hat der Erblasser die Kinder zu „Nacherben" im Sinne der §§ 2101, 2105 BGB einsetzen wollen?

Bei dieser Annahme würden sie mit ihrer Geburt in den Genuß der Erbschaft gelangen. Gegen eine solche Auslegung spricht jedoch, daß man den Kindern „die nach englischem Recht für sie anzusammelnden Erträge des Nachlasses für die Dauer der Vorerbschaft entziehen und sie dem Vorerben geben (würde), Personen also, die der Erblasser gar nicht bedacht hat und die nach englischem Recht keinerlei Ansprüche haben"[2]). Die Einsetzung der Kinder zu „residuary legatees" beweist, daß der Erblasser den Kindern Substanz und Nutzungen des Nachlasses von seinem Tode ab und nicht erst seit ihrer Geburt zuwenden wollte. Wirtschaftlich gesehen schwebte ihm also folgendes Ergebnis vor:

Anfall der Erbschaft selbst sowie der zwischen Erbfall und Nacherbfall gezogenen Nutzungen des Nachlasses mit der Geburt der Kinder an diese. Würde also der deutsche Richter diesen Willen allein unter das Vorerbschaftsrecht pressen, so brächte er die Kinder — entgegen dem Willen des Testators — um die zwischenzeitlich gezogenen Nutzungen, die ja den Vorerben zufielen[3]). Nicht aus der fremden Rechtsordnung, sondern aus dem an Hand der gebrauchten ausländischen Rechtsbegriffe ermittelten Willen des Testators folgt also die Pflicht des Richters, die Einsetzung zu „residuary legatees" in eine Nacherbeneinsetzung, verbunden mit einem Vermächtnis umzudeuten, daß die Vorerben die gezogenen Nutzungen an die Nacherben herauszugeben haben. Das Reichsgericht hat eine solche Anordnung für möglich gehalten[4]). Aller-

[1]) Lehrreich auch die englische Entscheidung Re the Sixth Duke of Wellington (ZAIP 15, S. 149ff. [159f.] mit Anm. von P. H. Neuhaus, a. O. S. 161ff. und Goldschmidt, a. O. S. 342ff.), wo ein engliches Testament auf das spanische Grundbuchrecht abgestimmt wurde: Das Benefizialrecht des eigentlich Bedachten wurde in ein Vollrecht umgedeutet.

[2]) Gottheiner, ZAIP 21, S. 64.

[3]) Kipp-Coing, Erbrecht, § 116 VI.

[4]) Recht 1912, Nr. 887 = WarnR 1912, Nr. 174.

dings ist zu beachten, daß ein dinglicher Rückfall der Nutzungen an die Nacherben nicht in Frage kommt[1]). Das beeinträchtigt jedoch den wirtschaftlichen Erfolg dieser Umdeutung nicht. Eine Rechtsnorm ist dabei weder im englichen noch im deutschen Recht verändert worden[2]).

Völlig anders läge der Sachverhalt, wenn das Testament nach englischem Recht abgewickelt worden wäre und der Erblasser auch in Deutschland Vermögen besessen hätte. Geht man mit der überwiegenden Meinung[3]) davon aus, daß der Erbschaftsverwalter des englischen Rechts die Nachlaßverwaltung gemäß diesem Recht auch in Deutschland durchführen kann, so ist folgende Situation denkbar.

Der Erbschaftsverwalter veräußert treuwidrig einen in Deutschland befindlichen Nachlaßgegenstand unentgeltlich an einen gutgläubigen Dritten. Nach englischem Erbrecht hat der legatee gegen den Erwerber ein dinglich wirkendes „right to follow the assets". Nach deutschem Recht ist der Erwerber geschützt. Hier taucht die Frage auf:

Soll die englische Bestimmung in Deutschland unanwendbar sein oder soll man unter Zugrundelegung des in §§ 816 I 2 BGB ausgesprochenen Rechtsgedankens den Erwerber die Sache herausgeben lassen? In beiden Fällen wird in Rechtsnormen eingegriffen; dieser Eingriff wird nötig durch das gegensätzliche Zusammenspiel von englischem Erbrecht und deutscher Sachen- bzw. Schuldrechtsordnung, ist demnach Anpassung im echten Sinne. Gottheiner[4]) will das englische Folgerecht in Deutschland nicht anerkennen (wohl zu Recht), aber auch im deutschen Recht keine Abhilfe schaffen. Gewiß kennt das BGB kein „jus ad rem"; doch nötigt das zu dem unbilligen Ergebnis, den Beschenkten zu schützen und den Geschädigten auf einen Schadenersatzanspruch gegen den Erbschaftsverwalter zu verweisen?

Man halte dem nicht entgegen, auch der Geschädigte sei ja letzten Endes unentgeltlicher Erwerber, und bei zwei gleich schwachen Rechtsgründen gebe der Besitz immer noch den besseren Rechtsgrund ab, so daß der deutsche Erwerber den Gegenstand behalten könne. Denn wie wäre es, wenn der englische Erbe etwa die Zuwendung von Todes wegen nur als Entgelt für eine lebzeitig dem Erblasser erbrachte Leistung (Verpflegung und Versorgung) erhalten hätte?

---

[1]) Staudinger-Seybold, § 2111 Randnote 9; Kipp-Coing, Erbrecht, § 116 VI Anm. 49. § 2139 BGB ist insoweit unanwendbar!

[2]) Außerordentlich lehrreich und treffend begründet ist auch die amerikanische Entscheidung 308 P. 2d 502 (des District Court of Appeal California vom 21. 3. 1957): Eine Großmutter schrieb unter Beratung eines Anwalts in ihr Testament: Erben sollen die „lawful issue" sein. Nach 5 Jahren starb sie; nach weiteren 10 Jahren adoptierte ihr Sohn ein Kind. Nach Ansicht von Justice Griffin kann dieses Kind nur dann erben, wenn nachgewiesen wird: Der Sohn oder die Frau seien zeugungsunfähig gewesen; die Großmutter habe bei Abfassung des Testaments davon Kenntnis gehabt; zu ihren Lebzeiten sei bereits eine Adoption in Aussicht genommen gewesen.

[3]) Nachweise bei Gottheiner, ZAIP 21, S. 38 Anm. 10.

[4]) ZAIP 21, S. 52 und 55.

Gottheiner meint, „§ 816 I 2 BGB ist hier nicht anwendbar, da der personal representative treuhänderischer Eigentümer, also kein Nichtberechtigter ist". Aber sollte man § 816 I 2 BGB nicht für diesen Fall doch anwenden? Geht man schon soweit, daß man dem Treugeber im Konkurs des fremdnützigen Treuhänders ein Aussonderungsrecht gibt[1]), daß man dem Treugeber die Interventionsklage zugesteht[2]), daß man § 816 I BGB auch anwendet, wenn der Berechtigte die Verfügung des Nichtberechtigten rückwirkend genehmigt[3]) oder wenn jemand nach dem Anfechtungsgesetz anfechtbares Eigentum erworben hat[4]), so dürfte man kaum noch Hemmungen haben, auch die letzte Fußlänge des Weges zurückzulegen und den Erbschaftsverwalter bei treuwidrigen Verfügungen als Nichtberechtigten anzusehen[5]). Hier sollte jedoch nur der Unterschied zwischen der rechtsnormverändernden, am rechtslogischen Zusammenhang orientierten Anpassung und der Willenserklärungen auslegenden, am Parteiwillen ausgerichteten Umdeutung klargemacht werden.

Abschließend sei noch ein augenblicklich akutes Beispiel der intertemporalen[6]) Umdeutung behandelt. Schwierigkeiten macht die Auslegung von Testamenten, die vor dem 1. 7. 1958 abgefaßt worden sind[7]). Tritt der Erbfall nach dem Inkrafttreten des Gleichberechtigungsgesetzes ein und lautet die letztwillige Verfügung etwa: Erben sollen meine Frau und die beiden Kinder nach den gesetzlichen Erbteilen sein, so fragt es sich, wieviel Frau und Kinder jetzt erben. Genau wie in dem oben beschriebenen Fall des „englischen Erblassers", welcher nach deutschem Recht beerbt wurde, liegt hier ein „Statutenwechsel" insofern vor, als das materielle Recht zur Zeit der Testamentserrichtung und zur Zeit des Erbfalls abweichende Regelungen enthalten (§§ 1924 IV, 1931 I BGB; 1931 III; 1371, 1932 I 2 n. F. BGB; vgl. auch § 2066 S. 1 BGB!).

Das Argument wäre jedenfalls als solches völlig verfehlt, da das Testament unter dem alten Rechtszustand errichtet worden sei, könne es nur die alten Proportionen von $1/4 : 3/8 : 3/8$ gemeint haben. Denn wenn der Erblasser seiner Frau mehr als $1/4$ habe zuwenden wollen, so habe er dies ja gerade testamentarisch zum Ausdruck bringen können und müssen. Ob das zutrifft, ergibt letztlich nur eine Auslegung des Testa-

---

1) Westermann, Sachenrecht, § 43 IV 2.

2) Rosenberg, Zivilprozeßrecht, § 185 III 2bβ.

3) Lehmann, Schuldrecht, § 225 I 3.

4) RGZ 162, 220.

5) Dieses Ergebnis ist unabweisbar, wenn man etwa dem Treuhänder nur relatives Eigentum zugesteht (Nipperdey, Allg. Teil II, § 148 II 1 Anm. 20 mit Hinweis auf M. Wolff).

6) Es ist klar, daß auch die Umdeutung aus internationalen, interlokalen, intertemporalen oder interrealen Gründen (letzteres wegen der Vertragsfreiheit allerdings wohl selten) verursacht sein kann.

7) Vgl. Rupp, NJW 1958, S. 12; LG Bremen, MDR 1959, S. 761 (Testament von 1948).

ments[1]). Dabei ist man nicht auf die Testamentsurkunde beschränkt[2]), was gerade hier von Bedeutung werden kann. In Betracht kommt sowohl eine Ermittlung des wirklichen wie des hypothetischen Erblasserwillens.

Steht etwa zusätzlich in dem Testament, die Frau könne mit ihrem Erbteil ganz zufrieden sein, wenn man bedenkt, wie schlecht sie ihren Mann versorgt habe, denn sie erhalte ja immerhin noch fast soviel wie jedes der reizenden Kinder, so ist klar, daß die Frau nur $1/4$ erhalten sollte. Kann die Frau dagegen Zeugen, etwa den Notar[3]), anführen, vor denen der Erblasser erklärt hat, er werden ja bestimmt erst nach dem 1. 7. 1958 sterben, denn er fühle sich noch nie so gut wie gerade jetzt, und darum sei für seine Frau ja bestens gesorgt, so wird man ihr $1/2$ zubilligen müssen. M. E. wird dies allgemein von Testamenten gelten müssen, welche schon „im Schatten", d. h. in Kenntnis und zeitlicher Nähe des neuen Rechtszustandes getroffen wurden.

Schwierig liegen Fälle, in denen der Erblasser sich bei Abfassung des Testaments nachweislich nicht zu bestimmten Quoten entschließen konnte und gerade deswegen „die gesetzlichen Erbteile" wählte, während er im übrigen noch Vermächtnisse anordnete. Wenn dem Erblasser die ehemalige Gesetzesregelung unbekannt war, so läßt sich durchaus vertreten, die neuen Quoten als Berechtigungsmaßstab zugrunde zu legen. Denn letztlich ist die Situation nicht anders, als ob insoweit überhaupt keine testamentarische Regelung vorläge. Und auch in diesem Falle kommt ja der Ehefrau die Erhöhung des Erbteils zugute. Wenn nämlich gar keine Auslegung helfen will und auch nicht zu ermitteln sein sollte, was der Erblasser gewollt hätte, wenn er die Gesetzesänderung vorausgesehen hätte[4]), so ist die „Erbeinsetzung" mangels Bestimmtheit nichtig.

Diese Ausführungen zeigen wiederum, daß die Problematik der Umdeutung allein in der Ermittlung oder Berichtigung des Geschäftswillens liegt, welche durch einen „Statutenirrtum" — wenn diese Bezeichnung die Fälle decken kann, in denen die anwendbare Rechtsordnung wechselt oder der Betreffende von vornherein eine falsche Rechtsordnung wählt — verursacht worden ist. Demgegenüber setzt die Anpassung die Feststellung des Geschäftswillens ebenso wie der sonstigen Tatumstände voraus und greift allein in die Struktur von Rechtsnormen ein.

III. „Interne" und „externe" Anpassung

§ 26 Angepaßt werden nur die Rechtsnormen, welche das deutsche oder allgemein gesprochen, das jeweilige Forumsrecht zur Anwendung beruft. Dies können die zunächst immer anwendbaren deutschen Kollisionsnormen sein oder von diesem berufene fremde Kollisionsnormen

[1]) RG, Recht 1923, Nr. 53.
[2]) Raape, DNotZ 1935, S. 639.
[3]) RG, JW 1910, S. 61.
[4]) Dazu Kipp-Coing, Erbrecht, § 18 III 1 d!

sowie in- und ausländische materielle Rechte. Nur diese Vorschriften hat der deutsche[1]) Richter bei seiner Entscheidung zu berücksichtigen. Deswegen kann das Postulat, bei der Entscheidung eines Lebenssachverhaltes einheitlich, d. h. ohne Sinnwidrigkeiten zu entscheiden, sich auch lediglich auf diese Normen und ihr Zusammentreffen beziehen. Man kann insofern von einem Prinzip der internen Harmonie[2]) und seiner Sicherung durch eine interne Anpassung sprechen, als nur Harmoniestörungen beachtet werden, die unser Recht — letztlich also unser Rechtsanwendungsrecht — herbeigerufen hat. Grundsätzlich kümmert es uns nicht, daß ein ausländischer Staat dieselbe Streitsache nach seinem Recht anders entscheidet. Die Anerkennung des renvoi bildet keine Ausnahme. Hier wird nicht eine bereits getroffene deutsche Entscheidung zugunsten einer abweichenden ausländischen aufgegeben, sondern vielmehr wird die deutsche Entscheidung erst gemäß dem ausländischen Recht gefunden. Insoweit liegt eine — zumindest formell — mit dem ausländischen Recht übereinstimmende deutsche Entscheidung vor. Daß dies tatsächlich eine Entscheidung des Forumsstaates und nicht eine des weiter- bzw. rückverweisenden Staates ist, zeigt sich deutlich in dem (von Cansacchi irrtümlicherweise zur Adaptation gerechneten) Beispiel, daß Italien bezüglich der Geschäftsfähigkeit eines Dänen auf dessen Heimatrecht verweist, jedoch die Weiterverweisung des dänischen Rechts auf das deutsche Wohnsitzrecht nicht mehr beachtet. Dies kann auch gar nicht anders sein:

Wollte der deutsche Staat etwa jede abweichende Lösung fremder Rechte beachten, würde er den in seinen Normen zum Ausdruck gebrachten Herrschaftsanspruch sogleich wieder aufgeben[3]). Eine Anpassung zur Herbeiführung einer internationalen Harmonie kann es demnach nicht geben.

Auch der oben geschilderte Fall, daß sein Besitzer sich den Herausgabeansprüchen zweier Spaltgesellschaften bezüglich derselben Sache ausgesetzt sieht und nicht schuldhaft handelt, wenn er der einen die Sache herausgibt, bildet keine echte Ausnahme. Allerdings wurde dort die nach ausländischem (tschechoslawakischen) Recht abweichende Rechtslage tatsächlich bei der Anwendung des § 989 BGB berücksichtigt. Und das veranlaßt mich, von einer externen[4]) Anpassung zu sprechen. Doch möchte ich zunächst genauer sagen, welche Situation darunter zu verstehen ist und welche nicht:

Eine Anpassung, d. h. eine Veränderung von Rechtsnormen aus dem Grunde, daß auch Rechtsnormen anderer Rechtsordnungen, welche nicht zueinander passen, auf denselben Sachverhalt angewendet werden,

---

[1]) Das gilt selbstverständlich für jeden Forumsrichter.

[2]) Betti (Problematica, S. 319) spricht von „intrinseca coerenza ermeneutica“.

[3]) BayObLG, NJW 1959, S. 1040 r. Sp. — einschränkend a. a. O., li. Sp.; Wengler, Festschrift Laun, S. 742; in ZAIP 23, S. 544/5 führt er dafür ein treffendes Beispiel an.

[4]) Kegel (Lehrbuch, S. 25) spricht von „Auslandssachverhalt“.

ist in einer divergierenden ausländischen Rechtsordnung nicht möglich. Dieses abweichende ausländische Recht wird von den deutschen Rechtsanwendungsnormen nicht berufen; welche Möglichkeit sollte also der Richter haben, dieses nicht berufene Recht zu ändern? Das ausländische Recht ist für den deutschen Richter nicht verbindlich, weil es an einem Befehl des (verweisenden oder rezipierenden) inländischen Gesetzes fehlt. Gleichwohl gilt das ausländische Recht, zumindest in seinem Gebiet, unabhängig und unbeeinflußbar. Es „gilt" dort wie die Macht einer Tatsache:

Man kann sie zwar ignorieren, und man tut das grundsätzlich, wenn dieses Recht nach der deutschen Kollisionsnormen nicht anwendbar ist, aber nicht aus der Welt schaffen. Wie es aber nun möglich und üblich ist, das Vorhandensein von Tatsachen bei der Anwendung von Rechtssätzen zu berücksichtigen, so kann man auch das Vorhandensein — an sich nicht anwendbaren — ausländischen Rechts bei der Anwendung des berufenen Rechts berücksichtigen. Das nenne ich externe Anpassung:

Bei der Subsumtion eines vom deutschen Recht berufenen Rechtssatzes wird berücksichtigt, daß der in Frage stehende Sachverhalt auch noch von ausländischen, vom deutschen Recht allerdings nicht berufenen, Bestimmungen geregelt wird.

Es ist also genau genommen eine extern bedingte Anpassung, im Gegensatz zu der üblichen intern bedingten Anpassung. Liegt die Ursache für die Harmoniestörung innerhalb der von unserem Recht berufenen Teilrechte, so handelt es sich um eine interne Anpassungsfrage, liegt sie dagegen in einer Abweichung einer von unserem Recht nicht berufenen Rechtsordnung, so kann allenfalls eine externe Anpassung helfen.

Aus der Erwägung, daß dieses nicht berufene abweichende ausländische Recht nur als Tatsache[1]) zu betrachten ist, ergeben sich sofort die Grenzen dieser Anpassung: Die „Tatsache" kann nur bei der Subsumtion, d. h. im tatbestandlichen, voraussetzenden Bereich einer Norm berücksichtigt werden; und sie kann nur im Bereich einer nach deutschem Kollisionsrecht anwendbaren Norm stattfinden. Niemals kann die Rechtsfolge einer berufenen Norm und niemals eine nichtberufene ausländische Norm angepaßt werden. Einige Beispiele mögen das erläutern:

Sieht ein fremdes Statut zwei Personen als Eheleute an, das deutsche Recht sie dagegen als unverheiratet, was wegen Art. 13 III EGBGB leicht möglich ist, so kann die vom deutschen Recht ausgesprochene Rechtsfolge (Art. 13 I EGBGB) niemals „angepaßt" werden, daß diese Personen nun nach deutschem Recht doch als verheiratet zu betrachten sind[2]). Gibt dagegen das vom deutschen IPR berufene Hei-

[1]) Hieraus entnehme man nicht, daß ich das berufene fremde Recht als Tatsache behandelt wissen möchte! Dazu sogleich: § 28.

[2]) BSozG, FamRZ 1959, S. 278 mit Anm. Bosch (bei hinkender Ehe bleibt eine „Witwe" rentenberechtigt).

matrecht der Mutter dieser die elterliche Gewalt über ihr uneheliches Kind (Art. 20 EGBGB), während das vom deutschen IPR berufene Heimatrecht des Vaters ihm die elterliche Gewalt zuspricht (Art. 21 EGBGB), so ist hier sehr wohl eine Anpassung der beiden nicht harmonisierenden Rechtsfolgen dahin möglich, daß nur noch die Mutter (oder der Vater) die elterliche Gewalt ausüben darf. In dem ersten Beispiel der externen Harmoniestörung kann die vom deutschen Recht angeordnete Rechtsfolge nicht ausgeschaltet werden; wohl dagegen in dem zweiten Beispiel einer internen Harmoniestörung. Das ist besonders beachtlich, weil an sich die Widersprüche in gleicher Weise erheblich sind. Aber im ersten Fall ist eben das ausländische Recht gar nicht berufen und als Recht darum inexistent.

Anders in folgenden Fällen, wo das ausländische Recht als Tatsache auf das anwendbare Recht „abfärbt":

Der BGH[1]) hatte kürzlich die Frage zu entscheiden, ob eine Handlung, welche nach deutscher Auffassung gegen die guten Sitten verstößt und wettbewerbswidrig ist, diese Eigenschaften auch behält, wenn sie im Ausland begangen wird, wo eine solche Art der Werbung durchaus legitim erscheint. Die Rechtsprechung hatte bis dahin den Satz[2]) aufgestellt, daß inländische Gewerbetreibende ihren Wettbewerb auch im Ausland nach inländischen, d. h. § 1 UWG entsprechenden Rechtsgrundsätzen einzurichten haben. Dieser Grundsatz kann naturgemäß inländische Gewerbetreibende im Ausland fühlbar behindern. Darum entschied der BGH nunmehr:

> „Wird in einem ausländischen Staat eine Handlungsweise, die nach deutschem Recht an und für sich wettbewerbswidrig ist, als zulässig angesehen, so muß gefragt werden, ob sie bei dieser Sachlage, also unter Berücksichtigung des Umstandes, daß die ausländische Verkehrsauffassung sie billigt, mit den Anschauungen des anständigen deutschen Kaufmanns zu vereinbaren ist und deshalb nicht gegen § 1 UWG verstößt."

Die Prinzipien der oben entwickelten externen Anpassung sind in diesem Leitsatz sehr deutlich herausgestellt. Der zu beurteilende Lebenssachverhalt wird an sich nur dem deutschen Recht unterstellt und wäre demnach wettbewerbswidrig. Der zuständige ausländische Richter würde dessen ungeachtet denselben Fall nach seinem Recht beurteilen und ihn für erlaubt halten. Diese abweichende ausländische Rechtslage wirkt als Tatsache auf den Begriff der guten Sitten ein und verfärbt ihn insoweit, als seine Ausfüllung der abweichenden ausländischen Wertung angepaßt wird. Die Folge ist, daß mit der Nichterfüllung des Tatbestands-

---

[1]) MDR 1958, S. 154, Leitsatz 4; WM 1957, S. 1512; WRP 1958, S. 17; JZ 1958, S. 241 mit Anm. Steindorf; derselbe auch in: Sachnormen, S. 174f., 190, 257f. (gegen eine Berücksichtigung fremden Rechts als „Tatsache"; m. E. zu Unrecht. Die Konsequenzen aus dieser Berücksichtigung zieht das deutsche Recht, so daß Unzuträglichkeiten nicht zu befürchten sind).

[2]) BGH, GRUR 1955, S. 411 (Zahl 55); BGHZ 22, 18 (Flava, Erdgold).

merkmals „Verstoß gegen die guten Sitten" auch die Rechtsfolge „Wettbewerbswidrigkeit verpflichtet zur Unterlassung und zum Ersatz" entfällt. Durch das Hintertürchen der Tatbestandsanpassung im deutschen Recht ist also die ausländische Rechtslage berücksichtigt worden.

Ebenso hat jüngst der BFinH in dem bereits besprochenen Urteil[1]) einen wertvollen Beitrag zu diesem Problem geleistet: Wenn wir auch einen deutsch-englischen Doppelstaater nur[2]) nach deutschem Erbrecht beurteilen, so kann sich die inländische Besteuerung gleichwohl nicht auf den gesamten Nachlaß beziehen. Denn praktisch würde sich diese Besteuerung nur auf den in Deutschland gelegenen Nachlaß auswirken können. Die deutsche Steuerbehörde ist jedoch gehalten, die tatsächliche — und vom deutschen Erbrecht abweichende — Behandlung des außerdeutschen Teiles des Nachlasses nach englischem Erbrecht (welches nach den Regeln unseres IPR nicht anwendbar ist) zugrunde zu legen[3]). Abschließend sei noch ein Urteil des LG Krefeld[4]) erwähnt, in welchem ausgesprochen ist, daß ein Ehegatte dann keine schuldhafte Eheverfehlung im Sinne des § 43 EheG begeht, wenn er sein Verhalten nach dem ostzonalen Recht eingerichtet habe. Der mitgeteilte Sachverhalt läßt nicht erkennen, ob man hier etwa einen Rechtfertigungsgrund anzunehmen hätte und damit eine Bestätigung der Wenglerschen These von der relativen Rechtswidrigkeit findet[5]), oder ob es sich lediglich um einen schuldausschließenden Rechtsirrtum handelt. Auch hier zeigt sich wieder, wie das an sich nicht anwendbare ausländische Recht durch ein „Unterwandern" des Verschuldensbegriffes auch die inländische Rechtsfolge, nämlich Scheidung der Ehe, hintertreibt. Ebenso erkennt man deutlich, daß nur das inländische Recht an die ausländische abweichende Rechtslage angepaßt werden kann — nicht umgekehrt[6]).

IV. Die Anpassung von inländischen und ausländischen Rechtsnormen

Angepaßt werden Rechtsnormen des inländischen ebenso wie der ausländischen Rechtserzeugungssysteme. Für materiellrechtliche[7]) Normen

[1]) In einer Hilfserwägung, NJW 1958, S. 766.

[2]) Differenzierend Ferid, ZAIP 23, S. 498.

[3]) Bezeichnenderweise beruft sich der BFinH auf Wolff, IPR, S. 83f. Auch Wengler gelangt weitgehend zu den hier vertretenen Ergebnissen (Festschrift Laun, S. 741f.: Festschrift der jur. Fakultät der FU Berlin, S. 351; Internationales Recht und Diplomatie 1956, S. 73); freilich auf Grund einer völlig anderen Ausgangsposition: Schaffung von Parallelnormen durch unser IPR im ausländischen Recht, territoriale Begrenzung der subjektiven Rechte, Relativierung von Rechtmäßigkeit und Unrecht.

[4]) FamRZ 1955, S. 210.

[5]) Wengler, Festschrift Laun, S. 742.

[6]) Neuerdings entschied BGHSt., NJW 1959, S. 1330: Ein gläubiger Jude, gegen den an einem hohen jüdischen Feiertag (1. Tag des Laubhüttenfestes) eine Hauptverhandlung stattfindet, hat nicht das erforderliche rechtliche Gehör, wenn er sich zur Sache erklären will, sich daran aber durch das jüdische Gesetz gehindert sieht.

[7]) Über kollisionsrechtliche später: §§ 34/35.

dürfte dies allgemein anerkannt sein. Nur Broggini[1]) spricht von „der Anpassung, d. h. der notwendigen Modifizierung der ausländischen materiellen Norm vor ihrer inländischen Anwendung". Das ist jedoch zu eng: Wendet man überhaupt ausländisches und deutsches Recht nebeneinander an, so haben sie hinsichtlich der grundsätzlichen Möglichkeit einer Anpassung als gleichberechtigt zu gelten. Und was wollte Broggini tun, wenn nur ausländische Rechte beteiligt wären?

§ 27 1. Die Tatsache, daß der deutsche Richter intern-deutsches Recht anpassen darf, stößt jedoch auf eine verfassungsrechtliche Schranke. Darf, um eine Schlagzeile Vischers[2]) zu verwenden, „der Richter als Gesetzgeber im IPR" auftreten, obwohl ihn das Grundgesetz (Art. 20 III, 97 I) gerade an das Gesetz bindet?

Broggini[3]) hält dies nur dann für möglich, wenn man das „konventionelle Schema der Gewaltenteilungslehre" verlasse und auf diese Weise das Phänomen der richterlichen Rechtsfortbildung im IPR in die Errungenschaften der modernen Rechtsquellenlehre einfüge. Das scheint mir überspitzt; ich kann Broggini nur die treffenden Worte Bachofs[4]) entgegenhalten:

> „Erfreulich ist ... insbesondere das grundsätzliche Bekenntnis (des BGH)[5]) zu einer, wenn auch vorsichtigen, richterlichen Rechtsfortbildung. Es scheint mir schon im Ansatzpunkt verfehlt zu sein, wenn heute — nicht selten gerade auch von Gerichten — gegen eine solche richterliche Befugnis mit dem Grundsatz der Gewaltenteilung argumentiert wird. Eine solche Ansicht verkennt die historischen Bedingtheiten und Wandlungsfähigkeiten dieses in seinem Kern für den modernen Rechtsstaat sicher unerläßlichen Prinzips, das indes niemals und nirgends in dogmatischer Starrheit durchgeführt war noch überhaupt durchgeführt sein kann, weil sich weder die Funktionen als solche in ihren Randgebieten eindeutig gegeneinander abgrenzen lassen, noch praktische Erwägungen eine starre Abgrenzung erlauben"[6]).

Die Anpassung lockert nicht die Bindung des Richters, sondern stellt ein funktionsfüllendes Mittel seiner rechtsgebundenen Tätigkeit dar. Nach Art. 20 III BGG ist die rechtsprechende Gewalt an Gesetz und Recht, nach Art. 97 I BGG der Richter an die Gesetze gebunden. In Art. 20 III BGG bedeutet Gesetz „Positivität ohne Wertgehalt", Recht „Wertgehalt ohne Positivität"; in Art. 97 I BGG sind diese beiden antinomischen Begriffe in dem Wort Gesetz verschmolzen[7]). Daraus folgt,

[1]) AcP 155, S. 471f.
[2]) Schweizer Jahrbuch für internationales Recht 12, S. 75.
[3]) AcP 155, S. 474.
[4]) DöV 1958, S. 194.
[5]) DöV 1958, S. 115.
[6]) Ebenso Peters, Gewaltentrennung in moderner Sicht, und Menger, Verw. Arch. 49 (1958), S. 178.
[7]) So die — allerdings umstrittene — Auslegung von Mangoldt-Klein, BGG, Art. 20 VI 4f. = S. 603.

„daß weder die Positivität noch der Wertgehalt jeweils allein zur Rechtfertigung eines Aktes ... der Rechtsprechung ausreicht"[1]). Der Richter genügt seiner Aufgabe, konkrete Wertverwirklichung zu vollziehen, nicht, wenn er lediglich die Bruchstücke verschiedener „Positivitäten" gleichzeitig anwendet, ohne das Ergebnis zu beachten.

Das unharmonische Ineinandergreifen mehrerer Rechtsordnungen stört die Einheit der Rechtsordnung und damit die lückenlose und widerspruchsfreie Wertverwirklichung. Da der Richter nun aber auch nach dem Grundgesetz dem Wert verpflichtet ist, muß er berechtigt sein, diesen Wert in concreto zu verwirklichen. Dies um so mehr, als ja jede der beteiligten Rechtsordnungen für sich betrachtet diesen Wert ausdrücklich in Gesetzesform anerkannt hat und lediglich das bruchstückhafte Zusammenspiel mehrerer Teilrechtsordnungen die Ausführung dieser Intention verhindert.

Daß der Richter dennoch an das Gesetz gebunden ist, ergibt sich daraus, daß sich eine Anpassung keinesfalls willkürlich vollzieht. „Die gewählten Anknüpfungen und die nähere Ausgestaltung der vom Richter geschaffenen ... Normen dürfen nicht aus dem Rahmen des positiven ... Rechts der betreffenden Rechtsordnung fallen"[2]). Das bedeutet:

Die Anpassung mag zwar im Einzelfall durchaus einen erheblichen Eingriff in die beteiligten Rechtsordnungen verlangen; dieser Eingriff darf aber nur zu einer Lösung führen, die sich in ihrer rechtlichen Ausformung nicht zu den Grundgedanken der angepaßten Rechtsordnungen in Widerspruch setzt. Die unumstößlichen Prinzipien einer Rechtsordnung sind dem anpassenden Eingriff ohnehin entzogen[3]). In dem danach verbleibenden „anpassungsfähigen" Bereich ist der Richter keineswegs „frei", sondern an mannigfache Regeln der juristischen Logik, der wertenden Zweckmäßigkeit und der Gerechtigkeit gebunden, wie im dritten Hauptteil noch zu zeigen ist. M. E. bestehen daher keine Bedenken, die Anpassungsmethode als mit der Gewaltentrennungslehre vereinbar anzusehen.

§ 28 2. Daß der inländische Richter ausländisches Recht, welches lediglich durch die Eingliederung in „Normenketten" für ihn beachtlich geworden ist, anpassen darf, läßt sich theoretisch nicht ohne Schwierigkeiten erklären. Es wäre möglich, daß sich hier der Streit zwischen „Rechts-" und „Tatsachentheorien"[4]) praktisch bemerkbar macht.

Nach beiden Ansichten erhält zwar der Richter den Befehl zur Anwendung des fremden Rechts vom eigenen Kollisionsrecht. Nach den Tatsachentheorien lautet er jedoch, dem Beispiel des fremden Rechts ohne

---

[1]) Mangoldt-Klein, a. a. O.

[2]) Wengler, ZÖffR 23, S. 490.

[3]) Gewiß gibt es Grenzfälle. Kann unser Zivilprozeßrecht derart dem ausländischen Ehetrennungsstatut angepaßt werden, daß auch inländische Gerichte eine Trennung aussprechen dürfen? Vgl. dazu Soergel, Art. 17 III 2c = S. 182, der das im Gegensatz zur Rechtsprechung bejaht.

[4]) Dazu Kegel, ZAIP 15, S. 167.

Rücksicht auf seinen Befehlscharakter zu folgen, d. h. es wie eine Tatsache anzuwenden. Unterstellt man einmal die Richtigkeit dieser Theorie, so fragt es sich, wie man denn solche Tatsachen anpassen kann. Naturwissenschaftlich gesehen jedenfalls könnte der Richter keine Tatsachen ändern.

Aber auch die Rechtstheorien geraten in Schwierigkeiten. Woher nimmt der inländische Richter die Befugnis, das „fremde" Recht zu verändern ? Ziccardi[1]) sieht gerade in dem Anpassungsphänomen eine starke Stütze der italienischen Inkorporationstheorien[2]). Seiner Ansicht nach berechtigt nur die durch Transformation herbeigeführte Geltung des „ausländischen" Rechts in der inländischen Rechtsordnung zu einer Abwandlung dieser einverleibten Normen durch den inländischen Richter. Ebenso ist Cansacchi[3]) der Meinung, daß das Adaptationsproblem „particulièrement" in den Rechtsordnungen auftrete, die wie die italienische von einer Rezeption des fremden Rechts ausgingen. Die herrschende Meinung in Deutschland[4]) lehnt die Theorien von der Einverleibung fremden Rechts ab.

M. E. erfordert diese Untersuchung keine Auseinandersetzung mit den verschiedenen Theorien. Nach allen ist nämlich eine Anpassung möglich! Die genannten Theorien dürften kaum mehr als „begriffliche Spielereien" darstellen; man mag zwar die scharfsinnigen Abgrenzungen von „Geltungsbereich und Anwendungsbereich" oder die Scheidung von „Einverleibung des Norminhalts oder der Norm selbst" gelten lassen. Zu Unrecht zieht man jedoch aus diesen Begriffsgebilden abweichende praktische Schlüsse. Hier zeigt sich, was Th. Kipp schon 1911 rügte[5]):

„Es begegnet uns noch zu oft, die körperweltliche Auffassung von Rechten und Rechtswirkungen für mehr als ein Bild, für eine Wahrheit zu nehmen und daraus Schlußfolgerungen zu ziehen, die der inneren Berechtigung entbehren und sich vermeiden lassen, wenn man von jener körperlichen Auffassung sich lossagt." Wengler[6]) bemerkt treffend, daß es sich um eine bloße Zweckmäßigkeitsfrage handelt, wie man sich die Anwendung ausländischen Rechts vorstelle und Rabel[7]) fügt die lakonische Frage hinzu:

„After all, why can the foreign rule not simply come into court without crutches ? Is it not sufficient that the court's own conflicts rule orders application ?"

Darin liegt bereits die Antwort enthalten. Der Richter kann jedes Recht abwandeln, das er bei der Entscheidung eines Falles zu berücksichtigen hat. Denn wird das fremde Recht nur kraft des Befehls des

---

[1]) Il Valore, S. 42ff. (zitiert nach Rigaux, La Théorie, S. 382, da mir Ziccardis Werk nicht zugänglich war).

[2]) Nachweise bei Niederer, Einführung, S. 127 Anm. 5; vgl. auch Wiethölter, Einseitige Kollisionsnormen, S. 112f.

[3]) Rec. 1953 II, S. 115.

[4]) Dölle, Jahrbuch, S. 43; Raape, Lehrbuch, § 17 I = S. 117; vermittelnd Beitzke, Festgabe Smend, S. 182 und Engisch, Einheit, S. 26 Anm. 3.

[5]) Über Doppelwirkungen im Recht, Festgabe Martitz, S. 211/212.

[6]) Festschrift Laun, S. 730 und 739f.

[7]) Conflict of Laws I, S. 63.

eigenen Rechts berufen, so bestimmt das eigene Recht auch Art und Umfang der Anwendung dieses berufenen Rechts. Demnach liegt die Ermächtigung zur Anpassung bereits im IPR selbst[1]).

§ 29 3. Aus der Möglichkeit, daß der Richter inländisches und ausländisches Recht anpassen darf, ergeben sich schwierige Fragen bei der Revision einer Entscheidung, welche sich auf angepaßte Rechtsnormen stützt. Allerdings geht es hier nicht um die rechtspolitische Entscheidung, inwieweit ausländisches Recht überhaupt revisibel sein sollte[2]), sondern allein darum, ob und in welchen Grenzen eine Revision nach geltendem deutschem Zivilprozeßrecht begründet sein kann in einem Rechtstreit, welcher mittels der Anpassungsmethode entschieden wurde.

§ 549 I ZPO bestimmt: „Die Revision kann nur darauf gestützt werden, daß die Entscheidung auf der Verletzung einer Vorschrift des Bundesrechts . . . beruht." § 562 ZPO ergänzt dies dahin, daß die Entscheidung des Berufungsgerichts über das Bestehen und den Inhalt von Gesetzen, auf deren Verletzung die Revision nach § 549 ZPO nicht gestützt werden kann, für das Revisionsgericht bindend ist[3]). Es ergibt sich nun die Frage, ob die zitierten Vorschriften einer Revision wegen Fehlerhaftigkeit der Anpassung im Wege stehen. Dabei sind folgende Möglichkeiten zu erwägen:

Die angepaßten, d. h. ad hoc veränderten Normen können sich finden nur im deutschen Recht, im deutschen und ausländischen Recht, in einer oder schließlich in mehreren ausländischen Rechtsordnungen.

In dem ersten Fall, wo der anpassende Eingriff eine deutsche Rechtsnorm verändert hat, bestehen an sich keine Bedenken, die Revision wegen einer Verletzung von Vorschriften des Bundesrechts zuzulassen. Eine Schwierigkeit eigener Art entsteht aber dadurch, daß sich die „Verletzung" (§§ 549, 550 ZPO) dieser Vorschrift nur unter Berücksichtigung der gleichfalls die Entscheidung mittragenden ausländischen Rechte feststellen läßt. Denn nur aus dem Zusammenhalt der mehreren auf einen Fall angewendeten Rechtsordnungsfragmente ergibt sich, ob und in welcher Weise die Anpassung gerechtfertigt ist. An die Feststellung des Inhalts der beteiligten ausländischen Rechte ist nun das Revisionsgericht regelmäßig gebunden. Deswegen könnte man erwägen, daß auch hier das Revisionsgericht nur nachprüfen kann, ob bei dem Zusammenspiel der deutschen mit der bzw. den ausländischen Rechtsordnungen, wie sie das Tatgericht ermittelt hat, eine Anpassung der vorgenommenen Art notwendig war. Das hätte zur Folge, daß das Revisionsgericht unter Umständen mit einer schwierigen Anpassungsproblematik befaßt würde,

---

[1]) So auch Gottheiner, Diss., S. 177.

[2]) Dafür: Lewald, Rec. 1936 III, S. 319 (auf S. 320 allerdings mit Bedenken); Dölle, Festschrift Raape, S. 154 und Jahrbuch, S. 60; Riezler, Internationales Zivilprozeßrecht, S. 502; Soergel, Vorbem. Art. 7 I 11e = S. 31.
Dagegen: Nußbaum, IPR, S. 102; Wolff, IPR, S. 89; Raape, Lehrbuch, S. 122.

[3]) Rosenberg, Zivilprozeßrecht, § 140 III b u. c; Soergel, Vorbem. Art. 7 I 11 e = S. 31.

obwohl diese bei richtiger Feststellung des ausländischen Rechts gar nicht aufgetreten wäre. Mir scheint es darum richtiger zu sein, dem Revisionsgericht in solchen Fällen die Nachprüfung des ausländischen Rechtsinhalts zu ermöglichen.

Diese Ansicht läßt sich auch mit § 549 I ZPO vereinbaren. Denn wenn das Revisionsgericht an die Feststellung über den Inhalt ausländischen Rechts gebunden wäre und dann zu dem Ergebnis gelangte, daß bei dieser festgestellten Konstellation eine anpassende Abwandlung der deutschen Norm gerechtfertigt ist, so wird dadurch letzten Endes die abgewandelte deutsche Norm zu Unrecht verändert, also verletzt. Der Inhalt des ausländischen Rechts ist in diesem Zusammenhang in gleicher Weise „Vorfrage" für die richtige Anwendung einer deutschen Norm wie etwa im Falle des renvoi[1]), der Zuständigkeit gem. §§ 606ff. ZPO[2]) oder der Verbürgung der Gegenseitigkeit bei § 328 ZPO, wo die Rechtsprechung[3]) das ausländische Recht selbst nachgeprüft hat. Man könnte also sagen:

Ist eine deutsche Norm abgewandelt worden, so darf das Revisionsgericht alle beteiligten Rechte nachprüfen, weil es ohne diese Befugnis möglicherweise die getroffene Anpassung zu Unrecht bestätigen würde.

Im einzelnen ergeben sich folgende Fälle:

Das Untergericht kann das deutsche Recht an Stelle zweier sich unlösbar widersprechender ausländischer Rechte oder an Stelle einer durch den ordre public ausgeschalteten ausländischen Vorschrift angewendet haben[4]). Ist diese inhaltlich deutsche Rechtsnorm nun eine Vorschrift des Bundesrechts? Die Rechtsprechung weigert sich — in Übereinstimmung mit dem schweizerischen Bundesgericht[5]) —, lediglich mit dem deutschen Recht inhaltsgleiches ausländisches Recht nachzuprüfen[6]). Es fragt sich hier jedoch, ob diese das ausländische Recht durch die inländische Regelung ersetzende Anpassung nicht inländisches Recht anwendet. Man sollte glauben, daß die Revisionsmöglichkeit nicht von der diffizilen, theoretisch zwar vollziehbaren, aber praktisch an Abgrenzungskriterien notleidenden Unterscheidung zwischen subsidiär angewendetem inländischem Recht einerseits und nur inhaltlich dem inländischen Recht ähnlich gemachten ausländischen Recht andererseits abhängen darf.

Noch komplizierter wird die Lage, wenn eine ausländische Vorschrift angepaßt worden ist. Im Hinblick auf § 549 I ZPO[7]) wird man nicht

---

[1]) BGH, ZZP 71, S. 362 = NJW 1958, S. 750.

[2]) A. A. — inkonsequent — jetzt BGH, ZZP 72, S. 217 = JZ 1959, S. 411 mit krit. Anm. von Zweigert.

[3]) Vgl. Soergel, Vorbem. Art. 7 I 11 e = S. 32.

[4]) Vgl. Cansacchi, Rec. 1953 II, S. 142f.

[5]) Nachweise bei Vischer, Schweizer JZ 1955, S. 33—36 und Schweizer Jahrbuch für Internat. Recht 12, S. 290.

[6]) Nachweise bei Soergel, Vorbem. Art. 7 I 11 e = S. 31.

[7]) Anders im Verfahren der Freiwilligen Gerichtsbarkeit (Keidel, FGG, § 27, 1b; Schlegelberger, FGG, § 27, Note 6); im Strafprozeß (§ 337 StPO und RGStr. 10,

umhin können, daß in diesem Falle das Revisionsgericht an die Feststellung über den Inhalt des ausländischen Rechts gebunden ist. Darum ist eine auf die Fehlerhaftigkeit der Anpassung gestützte Revision aber noch lange nicht zum Scheitern verurteilt!

Zunächst bleibt nach wie vor die Rüge, daß eine inländische Norm (statt der ausländischen) hätte angepaßt werden müssen. Sind damit die Grenzen erreicht? Diese Frage sei an zwei Beispielen beleuchtet.

Eine schweizerische Firma machte eine Forderung geltend, die nach Art. 149 Schuldbeitreibungs- und Konkursgesetz durch Ausstellung eines Verlustscheines infolge fruchtloser Pfändung unverjährbar geworden ist[1]). Das Berufungsgericht schaltet Art. 149 V a. O. als gegen den Zweck der deutschen Verjährungsvorschriften verstoßend (Art. 30 EGBGB) aus und ergänzt die bestehende Lücke mit Art. 127 OR, wonach Forderungen in 10 Jahren verjährt sind.

Welche Angriffsmöglichkeiten bieten sich der Revision? Sicher kann gerügt werden, Art. 149 V SchKG verstoße nicht gegen den deutschen ordre public. Denn wenn das zutrifft, ist Art. 30 EGBGB als Vorschrift des Bundesrechts infolge eines Subsumtionsfehlers falsch angewendet worden. Wie ist es mit einer Rüge, die durch die Intervention des ordre public gerissene Lücke habe durch eine 30jährige Verjährungsfrist überbrückt werden müssen? Das kann bedeuten, das Gericht habe an Stelle des Art. 127 OR § 195 BGB anwenden müssen; die Nichtanwendung deutschen Rechts wäre ein Revisionsgrund. Genauso gut kann es bedeuten, die schweizerische Unverjährbarkeitsvorschrift müsse, um dem deutschen ordre public zu entgehen, in eine 30-jährige Frist abgewandelt werden. Hier wäre das Schweizer Recht fehlerhaft angewendet. Und wie, wenn es tatsächlich richtig sein sollte[2]), eine „materielle Rechtsnorm im IPR" neu zu bilden, nach welcher die Verjährung in diesem Fall 50 Jahre betrüge[3])?

Für Kegel[4]) besteht keine Schwierigkeit; der materielle Satz des IPR ist nämlich eine Vorschrift des Bundesrechts.

Und noch ein weiterer Fall: Der Richter hat in dem eingangs geschilderten Beispiel der schweizerischen Witwe mit minderjährigen Kindern ohne jede weitere Prüfung das italienische Kindschaftsrecht angewendet. Er begründet das damit, daß bei einer derartigen disharmonischen Statutenfolge immer das letzte Recht anzuwenden sei. Wie Kegel sich in diesem Fall — und in den vielen anderen, wo kein materielles Recht im IPR gebildet wird — helfen will, ist nicht ersichtlich. Mir scheint es richtig, daß die Begründung dieses Urteils angreifbar ist. Es kommt nicht

285); im Steuerrechtsstreit (Hübschmann-Hepp-Spitaler, AO, 1.—3. Aufl., 1951/59, § 288 Randnote 2); im Arbeitsprozeß (Gamillscheg, Arbeitsrecht, S. 399) und im landwirtschaftlichen Verfahren (Wieczorek, ZPO III, 1957, § 549 A I b).

[1]) Nach RGZ 106, 82ff.

[2]) Dagegen Köhn, KTSch. 1956, S. 169, Anm. 26.

[3]) Soergel, Art. 30 III = S. 300.

[4]) Wie Fußnote 3.

darauf an, ob die in Frage stehenden Rechte ausländische oder ein ausländisches und das inländische sind und welches von ihnen angepaßt und welches das letzte Recht ist. Denn in jedem Fall ist ein — in dieser Ausnahmslosigkeit — falsches Anpassungsprinzip angewendet worden. Das richtige Anpassungsprinzip ist verletzt. Und auf diese Verletzung eines Anpassungsprinzips läßt sich m. E. immer die Revision stützen.

Allerdings nicht mit der Begründung, hier sei eine materielle Norm in deutschen IPR verletzt. Entgegen Kegel bin ich der Ansicht, daß die Bildung solcher Normen nicht nur systemwidrig, sondern auch überflüssig ist[1]).

Diese „Anpassungsprinzipien" sind keine Rechtsnormen. Ich möchte sie vielmehr mit den Auslegungsregeln oder den Denkgesetzen auf eine Stufe stellen. Auch die Verletzung von Auslegungsregeln oder der Denkgesetze kann anerkanntermaßen die Revision begründen[2]). Gleichwohl haben sie sich nicht zu Rechtsnormen verdichtet[3]). Dasselbe muß m. E. für die Anpassungsprinzipien[4]) gelten. Auch die Denkgesetze wurzeln nämlich in dem Grundpostulat von der Einheit, d. h. Widerspruchsfreiheit und Geschlossenheit einer Rechtsordnung. Ebenso entspringt ja die Anpassung einem logischen und teleologischen Bedürfnis.

Des weiteren ist folgendes zu bedenken:

Die Auslegungsregeln im Zivilrecht und ebenso die Denkgesetze kann man — von geringen Ausnahmen abgesehen — als viel „profilierter" bezeichnen, als das etwa die vagen materiellen „Normen" im IPR sind. Gleichwohl haben sich diese festumrissenen Regeln nicht zu Rechtsnormen verdichtet; sie ordnen auch kein menschliches Verhalten[5]). Wie soll man in Anbetracht dieser Erwägung billigen, daß die Regel, bei widersprechenden Kommorienten-Vermutungen gelten die beiden als Erblasser bzw. Erbe in Frage kommenden Personen zur gleichen Zeit gestorben, eine Rechtsnorm sei?

Wenn es aber — gleich den Auslegungsregeln und Denk-„gesetzen" — Anpassungsregeln gibt, so bleibt nur die Frage zu klären, wieweit bei deren Verletzung eine Revision begründet sein kann. Bei der Beantwortung dieser Frage entsteht eine neue Schwierigkeit. Es wird behauptet, irrevisibles Recht sei der Nachprüfung in der Revisionsinstanz entzogen, „mag es überhaupt nicht (RG 137, 347f.) oder nicht richtig, insbesondere nicht erschöpfend oder widerspruchsvoll angewendet sein (HRR 1932, 385f.; Warn. 1932, 27), selbst wenn die Revision Erfahrungssätze, allgemeine Rechtsbegriffe oder Rechtsgedanken, Auslegungsregeln, Denkgesetze[6]) u. ä. . . . als verletzt bezeichnet"[7]).

[1]) Vgl. dazu im 3. Hauptteil die sog. „Konträrfälle"; § 53!

[2]) Rosenberg, Zivilprozeßrecht, § 140 III 1 a.

[3]) Das haben Gage-Sarstedt (Die Revision in Strafsachen, 3. Aufl., E II 2 c, S. 152) überzeugend begründet.

[4]) Wieacker (Gesetz und Richterkunst, S. 9) spricht von „außergesetzlichen Richtlinien ohne Normcharakter" und (S. 17) von „Regeln".

[5]) Vgl. Anm. 3.

[6]) Ebenso Wieczorek, ZPO, § 549 H I b.

[7]) Rosenberg, ZPO, § 140 III 1 c.

Diese Behauptung ist ungeheuerlich, die Formulierung viel zu weitgehend. In der Sache selbst wird sie dem Sinn des § 562 ZPO nicht gerecht.

Bestand und Inhalt fremden Rechts stehen für das Revisionsgericht wie eine Tatsache fest[1]). In unlöslichem Zusammenhang mit diesem Satz steht die Unangreifbarkeit der Auslegung des fremden Rechts. Ebenso mag es angehen, daß speziell ausländische Erfahrungssätze, Rechtsbegriffe oder Rechtsgedanken nicht überprüfbar sind. Absurd ist es jedoch, daß es dem Revisionsgericht verwehrt sein sollte, eine widerspruchsvolle oder denkgesetzlich gar unmögliche Anwendung des ausländischen Rechts zu beanstanden. Findet das Revisionsgericht in einem deutschen Verkehrsunfallprozeß die (entscheidungserhebliche) Feststellung, daß es am Unfalltage um 9 Uhr geregnet habe, an anderer Stelle jedoch die Feststellung, um 9 Uhr sei es sonnig und trocken gewesen, so muß das Urteil zweifellos aufgehoben werden. Warum etwas anderes gelten soll, wenn das Tatgericht ausführt, die Ehe der Parteien sei nach anzuwendendem russischem Recht nichtig, und drei Seiten später, durch die Eingehung der Ehe habe die Ehefrau die Staatsangehörigkeit ihres Mannes erworben, ist unerfindlich. H. Lewald glaubt[2]) allerdings, das Reichsgericht[3]) hätte selbst einmal eine vom Tatgericht auf Grund ausländischen Rechts gezogene irrige Schlußfolgerung korrigiert; er schreibt:

> „In einem Ehescheidungsprozeß ausländischer, in Deutschland domizilierter Ehegatten wird die Frage von Bedeutung, ob die Frau, ursprünglich ungarische Staatsangehörige, durch die in Deutschland erfolgte standesamtliche Eheschließung mit einem Russen die russische Staatsangehörigkeit erworben habe. Die Vorinstanz hatte dies angenommen, obwohl sie festgestellt hatte, daß nach damaligem russischem Recht eine lediglich standesamtliche Trauung keine gültige Ehe begründe. Das Reichsgericht betrachtet zwar diese Feststellung der Vorinstanz als für sich bindend, korrigiert aber die in der angegriffenen Entscheidung gezogene (irrige) Schlußfolgerung, die Frau habe durch die Eheschließung die russische Nationalität erworben.“

Allein hier irrt Lewald. Da es um die Zuständigkeit gem. § 606 ZPO ging, war das Reichsgericht keineswegs an die Feststellung der Tatsacheninstanz gebunden[4]). Es war darum auch nicht auf eine Berichtigung fehlerhafter Schlüsse angewiesen. Diese wäre hier ohnehin nicht möglich gewesen; denn es stand ja für das Reichsgericht — ebenso wie bei zwei widersprechenden Tatsachenfeststellungen — gar nicht fest, welche dieser Rechtsausführungen richtig war. Gleichwohl möchte ich Lewald im Ergebnis völlig zustimmen. Aus der Einsicht heraus, daß das Bestehen und der Inhalt ausländischen Rechts für das Revisionsgericht

---

[1]) Das ist der von Baumbach-Lauterbach (ZPO, § 562, Anm. 1) treffend betonte Grundgedanke der Vorschrift.

[2]) Festgabe zum schweiz. Juristentag, S. 219f.

[3]) RGZ 105, 363.

[4]) Vgl. Soergel, Vorbem. Art. 7 I 11 c = S. 32 mit Rechtsdrechung.

wie eine festgestellte Tatsache wirkt, ergeben sich gleichzeitig vernünftige Grenzen des § 562 ZPO.

„Alles was im angefochtenen Urteil nicht Tatsachenfeststellung, sondern ein ihrer Beurteilung dienender Obersatz ist, ist ‚Gesetz' im Sinne von § 549 I[1]. . . . Jeder Rechtsverletzung, die nicht Tatsachenfeststellung ist, steht die Revision offen"[2].

Die Anpassung hat mit der tatsachengleichen Feststellung ausländischen Rechts nichts gemeinsam. Sie ist, nachdem Bestehen und Inhalt ausländischen Rechts ermittelt sind, ein schließender, logisch gebundener Vorgang, der dem Bereich der Rechtsanwendung[3] zuzurechnen ist. Die Überprüfung der denkgesetzlich vollzogenen Schlußfolgerung ist aber typische Aufgabe des Revisionsgerichts. Darum muß auch der Anpassungsvorgang durch die Revisionsinstanz nachgeprüft werden können[4].

Die hier entwickelten Gedanken sind auch mit der Rechtsprechung des BGH nicht unvereinbar; gerade in seiner letzten Entscheidung[5] zu § 562 ZPO hat der BGH mehrfach betont, daß ausländisches Recht „grundsätzlich" nicht nachgeprüft werden könnte. Einmal steht also das formale Hintertürchen der Ausnahme offen; sodann ist meiner Ansicht nach die Anpassungsregel — zwar keine Rechtsnorm, aber doch — „Bundesrecht" im Sinne von § 549 I ZPO, ebenso wie die Auslegungsregeln und die Denkgesetze.

Zweifeln könnte man, ob gewisse Anpassungsvorgänge als quasi rechtliche Ermessensentscheidungen unangreifbar sind. M. E. gibt es im Bereich der Anpassung keinen Ermessensspielraum. Es mögen verschiedene rechtliche Wege zu demselben Ergebnis gangbar sein. Dann hat ein Rechtsmittel ohnehin keinen Erfolg (§ 563 ZPO). Wo aber verschiedene Ergebnisse erzielt werden könnten, gibt es keine Freiheit und somit auch keine Unüberprüfbarkeit der Anpassung.

Ergebnis:

Es sind drei Wege denkbar, auf denen Anpassungsvorgänge zur Nachprüfung des Revisionsgerichts gestellt werden können.

Ist eine deutsche Norm angepaßt worden, so kann deren Verletzung gerügt werden. Um die Berechtigung dieser Abwandlung deutschen

---

[1]) Rosenberg, ZPO, § 140 III 1 a.

[2]) Rosenberg, a. a. O., § 140 III.

[3]) Zur Trennung von Tat- und Rechtsfrage vgl. neuestens Scheuerle, AcP 157, S. 1ff., insbes.. S. 4, 52ff.

[4]) Die Entscheidung RGZ 114, 200 steht nicht unbedingt entgegen: „Für das Revisionsgericht ist die Entscheidung des Berufungsgerichts über Bestehen und Inhalt ausländischen Rechts auch dann maßgebend, wenn sie nicht schlüssig begründet sein sollte." Wahrscheinlich sollte damit nur gesagt werden, daß das Berufungsgericht die Quelle seiner Kenntnis des ausländischen Rechts nicht unbedingt genau offenlegen muß. Falls damit jedoch logische Widersprüche gedeckt werden sollten, ist die Entscheidung unhaltbar.

[5]) FamRZ 1958, S. 216f.

Rechts nachprüfen zu können, muß das Revisionsgericht auch den Inhalt des beteiligten ausländischen Rechts überprüfen dürfen. Hat eine Anpassung deutsche und (oder) ausländische Rechtsnormen verändert, so kann nach Kegels Auffassung die Revision auf die Verletzung materiellen Rechts in unserem IPR gestützt werden, sofern in dem betreffenden Fall eine solche Norm gebildet worden ist. Ist weder deutsches Recht angepaßt worden noch ein materieller Satz im IPR vorhanden, der verletzt sein könnte, so kann die Revision geltend machen, daß deutsche Anpassungsgrundsätze verletzt worden sind. Diese stellen zwar keine Rechtsnormen dar, sind aber ebenso wie die Auslegungsregeln oder Denkgesetze, deren Funktion sie letztlich teilen, als „Bundesrecht" revisibel.

Für einen Ermessensspielraum ist bei der Anpassung kein Platz.

V. Die Anpassung materiellrechtlicher und kollisionsrechtlicher Normen

§ 30 1. Vielfach wird die Ansicht vertreten, die Anpassung sei kein Problem des IPR, da die materiellen Rechtsnormen bereits angeknüpft seien[1]:

„La loi applicable est fixée"[2]. Das ist insofern zutreffend, als sich ohne einen Blick auf die sämtlichen zunächst in Betracht kommenden materiellen Rechtsvorschriften nicht feststellen läßt, ob überhaupt eine Anpassung notwendig ist. Wenn und nachdem aber das unharmonische Zusammenspiel mehrerer Rechtsordnungen die Notwendigkeit einer Anpassung geoffenbart hat, braucht diese Anpassung nicht auf eine Abwandlung materiellen Rechts beschränkt zu werden. In dem geschilderten Fall der Schweizer Witwe ist dies geschehen, in Re Wilby wurde es jedenfalls erwogen; dagegen bevorzugte die herrschende Meinung in den Fällen des Schenkungswiderrufs nach geschiedener Ehe und des herrenlosen Nachlasses des reisenden Franzosen eine Abwandlung im kollisionsrechtlichen Bereich. Das heißt also:

Stellt sich die Frage nach einer Anpassung auch in der letzten „Phase" der Rechtsanwendung, also etwa[3] nach der „qualification des rapports juridiques", nach der „determination des criteriums des rattachement aux systèmes juridiques étrangers", nach der „choix des règles matérielles dans les systèmes étrangers envisagés", nach der „intervention de l'ordre public", und demnach erst bei der „application des règles matérielles nationales et étrangères au rapport litigieux", so muß die Lösung keineswegs dieser Sphäre entnommen werden. Wer am Schluß bemerkt, daß seine Rechnung nicht aufgeht, braucht deswegen nicht die letzte Ziffer zu korrigieren; es steht ihm frei, schon den Ausgangspunkt zu verändern und dadurch die späteren Schwierigkeiten zu

---

[1]) Lewald, Rec. 1939 III, S. 126; Raape, Lehrbuch, § 14 III = S. 101.
[2]) Raape, Rec. 1934 IV, S. 498.
[3]) Im Anschluß an die italienische Doktrin; vgl. Cansacchi, Rec. 1953 II, S. 115.

vermeiden. Dieser Gedanke Kegels stellt die von ihm sog. kollisions- oder internationalprivatrechtliche Lösung[1]) dar, um welche er das Anpassungsproblem bereichert hat. Diese Art der Lösung wird sicherlich oft helfen müssen, nur kann ich nicht darin zustimmen, daß sie im allgemeinen den Vorzug verdiene, ,,weil die Schwierigkeiten durch das deutsche IPR geschaffen worden sind". M. E. kommt es gar nicht so sehr darauf an, woher die Konflikte rühren, als vielmehr darauf, wie sie am besten zu beseitigen sind.

Die Erkenntnis, daß sowohl materiellrechtliche wie kollisionsrechtliche Normen angepaßt werden können, hilft auch den Streit um die systematische Einordnung dieser Erscheinung schlichten. Cansacchi[2]) wendet sich mit Recht gegen die ,,conséquence, l'étude de ce phénomène paraît hors de la compétence des études de droit international privé". Darum kann man aber die Anpassung umgekehrt nicht zu einem Rechtsinstitut des IPR machen!

Die Anpassung ist eine Methode der allgemeinen Rechtslehre. Das ergibt sich daraus, daß Anpassungen nicht nur im internationalen, sondern in jeglichem Kollisionsrecht auftreten[3]). Die Anpassung gehört weder ,,ins" IPR noch ,,ins" materielle Recht, genauso wenig wie die Auslegungsregeln oder die Denkgesetze in dem einem oder anderen Rechtsgebiet ihren ausschließlichen ,,Wohnsitz" nehmen könnten. Sie ist vielmehr ein Mittel, um aus typisch kollisionsrechtlichen Gründen verursachte Harmoniestörungen im Zusammenwirken mehrerer Rechtsordnungen zu beheben. Als solches Mittel, als Methode, wird sie in allen Rechtsgebieten angewendet. Letztlich ist (auch) der Internationalprivatrechtler befugt, Ursachen, Folgen und deren Beseitigung gerade im Bereich des zwischenstaatlichen Rechts darzustellen.

§ 31 2. In diesem Zusammenhang ist nun zu klären, in welcher Weise und an welcher Stelle die Anpassungsmethode in das Gefüge der anzupassenden — Kollisions- und Sach-Normen eingreift. Jede Rechtsnorm — hier interessieren nur die sog. vollständigen oder selbständigen Normen[4]) — besteht aus Tatbestand und Rechtsfolgeanordnung[5]). Darum wird sich formal kaum etwas gegen eine Unterscheidung einwenden lassen, welche die betroffene Norm daraufhin untersucht, ob primär ihr Tatbestand oder ihre Rechtsfolgeanordnung den Ansatzpunkt für eine Anpassung bietet. Unter diesem Blickwinkel könnte man sagen, die Anpassung des Tatbestandes besteht darin, daß bei dem ,,Vergleich" eines Lebensausschnittes mit der von der Norm abstrakt vor-

[1]) Soergel, Vorbem. Art. 7 I 8 = S. 21 und Lehrbuch, S. 98ff. Allerdings betrifft diese Lösung nur die Rechtsfolgenseite der Kollisionsnorm.

[2]) Rec. 1953 II, S. 116.

[3]) 1. Hauptteil, A I/III = §§ 3—11.

[4]) Nipperdey, Allg. Teil I, § 30.

[5]) Engisch, Einf. S. 18, weist treffend auf die Doppeldeutigkeit des Wortes „Rechtsfolge" hin, einmal ist das die konkret angeordnete Folge, also das Gegenstück zum Sachverhalt — zum anderen meint man damit die abstrakt vorgesehene Folge, also das Gegenstück zum Tatbestand.

ausgesetzten Situation (= Subsumtion) berücksichtigt wird, daß sich das vorausgesetzte Merkmal unter der Herrschaft eines fremden Rechts verwirklicht hat. Die positive Berücksichtigung dieses fremdem Recht unterliegenden Sachverhaltsstücks, d. h. seine Eignung zur Ausfüllung des Tatbestandes, setzt seine Äquivalenz[1]) mit dem regelmäßig von der Norm bezeichneten inländischen Sachverhaltsstück voraus[2]). Weil diese Berücksichtigung bei der Subsumtion vorgenommen wird, kann man sie „Subsumtionsanpassung" nennen.

Demgegenüber würde die Anpassung einer Rechtsfolgeanordnung darin bestehen, daß trotz der Feststellung aller von der Norm vorausgesetzten Merkmale (in tatsächlicher ebenso wie in rechtlicher Hinsicht) nicht die regelmäßig von dieser Norm angeordnete Folge ausgesprochen wird, sondern unter Berücksichtigung des Zusammenspiels mehrerer Rechtsordnungen eine abweichende Folgerung gezogen wird. Hier wird die Berücksichtigung fremden Rechts nicht bei der Ermittlung der Normvoraussetzungen, sondern erst im Zusammenhang mit der zu ziehenden Schlußfolgerung und im Hinblick auf hiermit nicht harmonierende andere Schlußfolgerungen bezüglich desselben Sachverhaltes durchgeführt; insofern könnte man von einer „Konklusionsanpassung" sprechen. Innerhalb ihres Wirkungsbereiches spielt das Kriterium der Äquivalenz keine Rolle; allein der Wunsch nach logischer und teleologischer Harmonie entscheidet über Art und Ausmaß des Anpassungsvorganges[3]).

Freilich trägt diese Unterscheidung nur cum grano salis: Die Anpassung setzt zunächst bei der Umgestaltung des Tatbestandes oder der Rechtsfolge an; durch diese Anpassung des einen Rechtsnormteils wird dann aber die Gesamtnorm verändert, wie das bei deren zweigliedrigem Aufbau in einen voraussetzenden und einen anordnenden Teil nicht anders denkbar ist. Dennoch scheint mir die Trennung von (tatbestandsbezogener) Subsumtionsanpassung und (rechtsfolgenangleichender) Konklusionsanpassung nicht nur theoretischen Wert zu besitzen. Sie bietet nämlich auch eine praktikable Handhabe zur Scheidung der Anpassungsfälle, die allein nach Äquivalenz-Kriterien zu lösen sind, von denjenigen, welche das Streben nach logisch-teleologischer Harmonie umgestaltet. Im einzelnen wird das der dritte Hauptteil dieser Arbeit belegen.

Gegen die erwähnte — nach dem primär veränderten Rechtsnormteil ausgerichtete — Zweiteilung der Anpassungsmethode ließe sich noch ein anderes Bedenken anführen. Wie ist es, wenn das abgewandelte Tatbestandsmerkmal zugleich Rechtsfolge einer anderen Norm ist oder die abgewandelte Rechtsfolgeanordnung zugleich im Tatbestand einer anderen Norm auftaucht? Theoretisch ist es ja denkbar, daß jede Rechts-

[1]) Anschauliche Ausführungen über diesen Vorgang des Ersetzens einzelner Gewichte bei Wahrung des Gesamtgewichts finden sich bei Menger, System, S. 69.

[2]) Das soll unten §§ 40—44 begründet werden.

[3]) Unten §§ 46—54.

norm in irgendeinem anderen Tatbestand verwendet wird, um hier die voraussetzenden, bedingenden Merkmale zu konstituieren. Es käme somit nur auf das mehr oder weniger zufällige Ende, d. h. die gerade zur Entscheidung stehende Frage im richterlichen Syllogismus an. Damit wäre aber die Scheidung in primär tatbestandsorientierte Subsumtions- und primär rechtsfolgenbeeinflussende Konklusionsanpassung hinfällig.

In Wirklichkeit ist es aber anders:

Auf den zufälligen Standort des angepaßten Normteiles in der Gesamtkette des richterlichen Syllogismus kommt es gar nicht an. Entscheidend ist lediglich, wo die speziell herausgegriffene Rechtsnorm verwandelt wird[1]), in ihrem voraussetzenden-bedingenden Teil oder in ihrem folgernden-befehlenden Teil.

Schließlich könnte man bezweifeln, daß sich die Subsumtionsanpassung kollisionsrechtlicher Normen immer von der Anpassung materiellrechtlicher Normen abheben lassen wird, wenn man mit Kegel davon ausgeht[2]), daß Sachnormen in den Tatbestand der Kollisionsnorm gehören, nicht aber zur Rechtsfolge. Muß sich dann nicht die tatbestandsverändernde Anpassung der IPR-Norm in der (tatbestands- bzw. rechtsfolgenverändernden) Anpassung der Sachnorm auflösen? Ich neige dazu, diese Frage zu verneinen. Soweit man der Anpassung neben der Qualifikation selbständigen Raum läßt, wie ich das später zu begründen versuchen werde, verändert diese Art der Anpassung keine Sachnormen. Der zu beurteilende Lebensausschnitt (= Kegels „privatrechtlicher Sachverhalt") und die möglicherweise zur Regelung vorhandenen privatrechtlichen Sachnormen werden ad hoc dem Tatbestand der IPR-Norm eingearbeitet, ohne daß sie eine Veränderung erleiden.

Die ägyptische Legitimation etwa wird unter Art. 22 EGBGB gebracht, was meiner Auffassung nach eben keine Qualifikation mehr ist. Hierbei wird weder der „ägyptische Lebenssachverhalt" noch die ägyptische materiellrechtliche Regelung des hanefitischen Code verändert. Angepaßt wird lediglich der Tatbestand einer deutschen Kollisionsnorm.

Es ergibt sich somit, daß der Unterschied zwischen Subsumtions- und Konklusionsanpassung gerechtfertigt ist. Die Trennung dieser beiden Anpassungsgruppen läßt sich formell wie materiell durchführen. Im folgenden soll zunächst die Wirkungsweise der tatbestandsbezogenen Anpassung dargestellt werden, und zwar getrennt für Sach- (§ 32) und Kollisionsnormen (§ 34). Gleichzeitig sind diese Anpassungsmethoden gegen verwandte Rechtserscheinungen abzugrenzen (§§ 33, 35). Daran schließt sich die Darstellung der rechtsfolgenangleichenden Anpassung — hier für Sach- und Kollisionsnormen gemeinsam (§ 36).

§ 32 a) Die Wirkungsweise der Subsumtionsanpassung im Tatbestande materiellrechtlicher Normen.

---

[1]) Vgl. Rigaux, La Théorie des Qualifications, S. 453!
[2]) Festschrift Raape, S. 13ff. (27).

Die primär tatbestandsbezogene Anpassung besteht, wie bereits dargelegt, darin, daß bei der Subsumtion eines bestimmten Lebensvorgangs unter die abstrakt gefaßten Tatbestandsmerkmale einer Norm berücksichtigt wird, daß sich der Lebensvorgang unter der Herrschaft einer fremden Rechtsordnung ereignet hat. Darum ist auch die Subsumtionsanpassung „echte" Anpassung in dem Sinne, daß bei der Anwendung einer Rechtsnorm berücksichtigt wird, daß der zu beurteilende Gesamtsachverhalt noch von anderen, mit jener ersten Rechtsnorm nicht abgestimmten Teilrechtssystemen geregelt wird[1]). Ihre grundsätzliche Daseinsberechtigung verdankt diese Art der Anpassung der Erkenntnis, daß eine Norm in ihrem voraussetzenden, tatbestandlichen Bereich nicht an territoriale Grenzen gebunden ist (Dölle)[2]), daß der Rahmen einer Norm auch mit ausländischen Bildern ausgefüllt werden kann (Wengler)[3]). Der Gesetzgeber bestimmt etwa, daß die Rechtsfolge der Verjährungsunterbrechung eintritt, wenn[4]) im tatbestandlichen Bereich „eine" Klageerhebung vorliegt (§ 209 BGB). Sobald die Klageerhebung im Ausland erfolgt und somit fremdem Prozeßrecht unterliegt, während die Beurteilung des streitigen Rechtsverhältnisses sich im übrigen nach deutschem Recht richtet, ist das typische Zusammentreffen mehrerer Teilrechtsordnungen auf einen Fall gegeben[5]). Ebenso liegt es z. B. bei der Frage[6]), ob eine ausländische Todeserklärung zur Auflösung der ersten Ehe bei Wiederverehelichung des anderen Ehegatten führt (§ 38 EheG); ob die Beurkundung oder Eintragung vor einer ausländischen Behörde im inländischen Rechtskreis Wirkungen äußern kann[7]) oder ob über einen nach ostzonalem Recht volljährig gewordenen 18jährigen in der Bundesrepublik noch die Fürsorgeerziehung gem. § 63 III JWG angeordnet werden darf[8]). Man erkennt ohne weitere Mühe, daß es sich hier um das Problem handelt, das Lewald in die Kategorie der „substitution" eingefangen hatte.

Aber ist es wirklich ein besonderes Problem? Handelt es sich nicht bloß um Denkvorgänge im Bereich der allgemeinen Analogieschlüsse? Und kann man diese Problematik nicht auch in den Vorfragenkomplex aufnehmen?

Für die Auffassung, daß die Subsumtionsanpassung ihren Standpunkt im Bereich des allgemeinen Analogieproblems hat, lassen sich gelegent-

---

1) Die andere Alternative, daß die Summe der auf einen Sachverhalt anzuwendenden Rechtssätze verschiedenen Rechtsordnungen zu entnehmen wäre, wenn es nicht gerade zu einer Anpassung käme, trifft nur die Rechtsfolgeanpassung der IPR-Norm.

2) Jahrbuch, S. 41.

3) ZAIP 8, S. 155.

4) Über den bedingenden Charakter von Tatbestandsvoraussetzungen vgl. Kipp, Festschr. Martitz, S. 219f.

5) Soergel, Vorbem. Art. 7 II 5 = S. 39.

6) Welche Raape (Lehrbuch, § 28 I 2 a Anm. 50 = S. 261 und § 28 II = S. 263) verneint.

7) Vgl. dazu LG Trier, FamRZ 1956, S. 132!

8) Bejahend Soergel, Art. 19 V 1 = S. 212.

liche Äußerungen der Kommentarliteratur anführen. Kegel[1]) spricht z. B. davon, daß im Wege der materiellrechtlichen Angleichung für die sog. „ägyptische Legitimation" die Vorschriften betreffend die Einwilligung des Kindes und sonstiger Verwandtschaft (§§ 1726ff. BGB) anläßlich einer Legitimation durch Staatshoheitsakt analog anzuwenden seien. Raape[2]) bezeichnet die Einbeziehung ausländischer Gesetze in den Rahmen des § 823 II BGB als eine analoge Anwendung. Dagegen hat Lüderitz[3]) Stellung genommen:

> „Da es sich jedoch um eine der Angleichung ähnliche Frage handelt, sollte man nicht von einer analogen Anwendung der materiellrechtlichen Norm sprechen. . . . Zwar geht es nicht um den typischen Fall, daß auf Grund des Kollisionsrechtes zwei materielle Rechte berufen werden, die nicht zueinander passen, da sie lediglich teilweise angewendet werden — aber um die ähnliche Erscheinung, daß Teile verschiedener materieller Recht miteinander verknüpft, ineinander geschoben werden."

Das scheint mir wenig überzeugend. Einen Unterschied zwischen der teilweisen Anwendung mehrerer Rechte und der Anwendung von Teilen mehrerer Rechte vermag ich nicht zu erkennen. Außerdem ist es unzutreffend, daß die Schutzgesetze im Rahmen des § 823 II BGB nicht von unserem Kollisionsrecht berufen werden. Der Richter kann kein Schutzgesetz berücksichtigen, wenn ihn nicht zuvor das deutsche Rechtsanwendungsrecht dazu ermächtigt.

M. E. stellt die Subsumtionsanpassung in der Tat einen Spezialfall des Analogieschlusses dar, wie sich auch daraus ergibt, daß das entscheidende Kriterium für die Möglichkeit einer Anpassung das der „Äquivalenz" ist[4]). Die Besonderheit dieses Analogieschlusses, welche nun auch eine Sonderbehandlung rechtfertigt, liegt darin, daß seine Notwendigkeit auf eine ganz bestimmte Ursache zurückzuführen ist, nämlich auf das unharmonische Zusammentreffen mehrerer Teilrechtssysteme.

§ 33 Auf erhebliche Schwierigkeiten stößt die Abgrenzung der tatbestandlichen Anpassung materiellrechtlicher Normen von der Vorfrage. Geht die Vorfrage in dem Problemkreis der Anpassung auf? Oder ist die Anpassungsfrage bereits bei der Beantwortung der Vorfrage zu berücksichtigen? Oder lassen sich beide sauber voneinander trennen?

Nußbaum[5]) meint, ein schwaches Verdienst der — von ihm abgelehnten — neuen Lehre über die Vorfrage liege vielleicht darin, daß sie in systematischer Weise die Aufmerksamkeit auf das altbekannte (in einer Anmerkung zitiert er von Bar I, S. 112), wenn auch nicht allzu bedeutsame Phänomen lenke, daß ein und derselbe Fall die Anwendung mehrerer ausländischer Rechte erforderlich machen kann. Das läßt darauf schließen, daß es kein selbständiges Vorfragenproblem gibt, sondern nur Anpassungsschwierigkeiten. Insbesondere der Hinweis auf von

[1]) Soergel, Art. 22 II = S. 232.
[2]) Staudinger, S. 213.
[3]) Kumulation, S. 16 Anm. 2.
[4]) Darüber unten, § 41!
[5]) Grundzüge des IPR, S. 105.

Bar[1]), welcher in dem angegebenen Zusammenhang[2]) Fälle eines Statutenwechsels von Faust- bzw. Vertragspfandrechten in das jeweils andere Rechtsgebiet behandelt, begünstigt diese Annahme. Denn solche Fälle werden von den meisten[3]) als Anpassungstypen angesehen.

Die umgekehrte Ansicht scheint Wengler zu vertreten. In seiner berühmt gewordenen Abhandlung über „Die Vorfrage im IPR"[4]) möchte er die Vorfrage als Frage nach dem Inhalt eines Rechtsnormteils aufgefaßt wissen. Zur Ausfüllung eines solchen Rechtsnormteils kommen aber nur solche ausländischen Rechtsinstitute in Betracht, die „materiell geeignet" oder „prädestiniert" erscheinen[5]). Demzufolge könnte man es als Vorfrage bezeichnen, ob eine ausländische Klageerhebung prädestiniert erscheint, gem. § 209 BGB die Verjährung einer dem deutschen Recht unterliegenden Forderung zu unterbrechen.

Neuestens hat sich Wiethölter[6]) — wenn auch mehr beiläufig — zu dieser Abgrenzung geäußert:

> „Freilich kann man die Vorfrage und die Angleichung ihrerseits in Qualifikation und Anknüpfung ... aufgehen lassen. Aber zweckmäßig wird eine eigenständige Problematik auch getrennt bezeichnet und behandelt."

Der erste Satz dürfte kaum zutreffen, denn die Vorfrage beschäftigt sich mit Systembegriffen im Tatbestand von Sachnormen, die Qualifikation jedoch mit Systembegriffen im Tatbestand von Kollisionsnormen[7]). Es ist allerdings richtig, daß es sich hierbei rechtstechnisch gesehen um einen analogen Vorgang handelt, wie dies schon Melchior[8]) und Wengler[9]) betont haben. Gleichwohl ist nicht einzusehen, wie die Qualifikation die Vorfrage (oder gar die Anknüpfung die Angleichung) aufsaugen könnte. Deswegen kann ich lediglich dem zweiten Satz zustimmen.

Ich möchte jetzt an einem Beispiel[10]) erörtern, wie man die Abgrenzung von Vorfrage und Anpassung so vornehmen kann, daß jedes Institut seine Selbständigkeit bewahrt und gleichwohl auf den ihm typischen Funktionsbereich beschränkt wird.

Ein Kind deutscher Eltern wird von einem Dänen adoptiert. Adoptivkind und -vater sollen ihren Wohnsitz in Dänemark haben, als a) der dänische Vater stirbt; b) das deutsche[11]) Kind stirbt.

---

1) Nußbaum, a. a. O., S. 105, Anm. 13.
2) Theorie und Praxis des IPR I, S. 110ff.
3) Vgl. unten § 52!
4) ZAIP 8, S. 148—251.
5) ZAIP 8, S. 174.
6) ZAIP 23, S. 183f.
7) Soergel, Vorbem. Art. 7 I 6 = S. 15.
8) Grundlagen des deutschen IPR, S. 113f., 161.
9) ZfvglRW 55, S. 196.
10) Dazu im allgemeinen: Raape, Rec. 1934 IV, S. 511 und 513; Wengler, ZAIP 8, S. 161; Lewald, Rec. 1939 III, S. 134ff.; Cansacchi, Rec. 1953 II, S. 147f.
11) Die Adoption ist nach dänischem Staatsangehörigkeitsrecht kein Staatsangehörigkeitserwerbsgrund.

Im Falle a) richtet sich die Erbfolge gemäß deutschem und dänischem Kollisionsrecht[1]) nach dem dänischen Gesetz vom 25. 5. 1956[2]), welches in § 13 bestimmt:

„Das Adoptivkind und dessen Abkömmlinge beerben den Annehmenden und dessen Familie so — und werden von ihnen so beerbt —, wie wenn es das eigene Kind des Annehmenden wäre.

Durch die Annahme an Kindes Statt erlöschen die erbrechtlichen Beziehungen zwischen dem Adoptivkind und seinen leiblichen Verwandten. Auf Antrag kann aber in der Bewilligung bestimmt werden, daß das Erbrecht des Kindes nach seinen leiblichen Verwandten bestehen bleibt."

Demzufolge müßte man das Kind als Erben des Dänen ansehen.

Im Falle b) richtet sich die Beerbung gem. Art. 24 EGBGB nach deutschem Recht. § 1759 BGB bestimmt, daß durch die Annahme an Kindes Statt für den Annehmenden kein Erbrecht begründet wird. Demnach wäre der Däne nicht Erbe des Kindes geworden. Das Ergebnis erscheint irgendwie unbefriedigend. Wohl entspricht es der Konzeption des deutschen Rechts, kaum aber der des deutschen und dänischen Rechts. Die Rechtslehre hat denn auch die beim Erbrecht des Adoptivkindes auftretenden Schwierigkeiten auf die verschiedenste Weise zu lösen versucht[3]). Kegel[4]) befürwortet ein Erbrecht des Adoptivkindes, wenn sowohl das Adoptionsstatut als auch das Erbstatut dem Kinde ein Erbrecht gewähren. Offenbar soll diese Kumulation der Voraussetzungen einseitige Sollenswidersprüche verhindern. In dem hier angeführten Fall hat das zur Folge, daß das deutsche Kind seinen dänischen Adoptivvater beerbt, obschon dieser seinerseits das Kind niemals beerbt hätte. Das scheint mir eine untragbare Lösung zu sein, die auch dadurch nicht an Berechtigung gewinnt, daß eine solche Rechtsgestaltung dem deutschen Recht regelmäßig entspricht. Denn hier erbt das Kind ja eben nach dänischem Recht. Und im dänischen Recht ist die Rechtsgestaltung regelmäßig so, daß Kind und Vater ein gegenseitiges Erbrecht haben. Die von Kegel befürwortete kumulative Anwendung[5]) des Erb- und Adoptionsstatuts führt hier deshalb nicht zu einem annehmbaren Ergebnis, weil beide Statuten in einer Rechtsordnung zusammenfallen. Die beabsichtigte sperrende Wirkung kann nicht eintreten, weil die Anwendung lediglich einer Rechtsordnung keine Verschärfung der Anspruchsvoraussetzungen herbeiführt. Es bleibt ein Sollenswiderspruch im dänischen Recht zurück. Das kann man auch nicht mit dem Hinweis abstreiten, daß überhaupt kein Anpassungsproblem vorliege: Denn wenn nun der Däne zuerst gestorben sei, so werde das ganze Lebensverhältnis

[1]) Art. 25 EGBGB; Ferid-Firsching, Einf. Randn. 2.
[2]) Übersetzt in ZAIP 22, S. 512ff.
[3]) Nachweise bei Soergel, Art. 22 V 2 = S. 235.
[4]) Wie Fußnote 3.
[5]) Dagegen betont Lüderitz zu Recht, daß hier die Anpassung bessere Dienste leistet als die Kumulation (Kumulation, § 115 = S. 184/5).

nur nach dänischem Erbrecht abgewickelt. Folglich fehle es an dem Zusammenspiel mehrerer nicht miteinander harmonierender Rechtsordnungen. Das ist unzutreffend. Denn § 13 I des dän. Gesetzes setzt hypothetisch voraus, daß auch der Vater das Kind beerben kann. Hier zeigt sich jedoch, wenn auch auf Grund hypothetischer Überlegungen, daß der Vater das Kind nicht beerben konnte, weil das deutsche Recht eine solche Möglichkeit grundsätzlich nicht kennt, und darin liegt eben eine latente Harmoniestörung zwischen deutschem und dänischem Recht.

Auch der Vorschlag von M. Wolff[1]), nur das Erbstatut befinde über das Erbrecht des Kindes, ist — für sich allein genommen — nicht immer zufriedenstellend. Adoptiert ein Deutscher das dänische Kind dänischer Eltern, wobei gem. Art. 22 EGBGB mit § 1767 BGB in dem Annahmevertrage das Erbrecht des Kindes ausgeschlossen wird, so kann sich beim Tode des Kindes folgende Lage ergeben: Gemäß Art. 25 EGBGB mit § 13 des dän. Gesetzes[2]) beerbt der deutsche Adoptant das Kind, obwohl es ihn nie beerben konnte und er nach deutschem Recht das Kind ebenfalls nie beerbt hätte (§ 1759 BGB). Die Lösung dieser Schwierigkeit wird besonders problematisch, weil gem. § 13 II a. a. O. auch die dänischen Eltern das Kind nicht mehr beerben könnten. Würde man sich also auf den Standpunkt stellen, daß der deutsche Adoptant nicht erben darf, weil § 13 I a. O. derart an das besondere Zusammenspiel des deutschen und dänischen Erbrechts anzupassen sei, daß ein Erbrecht nur zu bejahen ist, falls im „umgekehrten Todesfalle" auch ein Erbrecht des jetzt Erstverstorbenen bestände, so müßte der Nachlaß an den Fiskus fallen. So hat die französische Praxis[3]) tatsächlich in einem gleichgelagerten Fall entschieden, was Gamillscheg nicht zu Unrecht ein „merkwürdiges Ergebnis" nennt.

Ich würde den natürlichen Eltern des Kindes ein Erbrecht zubilligen. Das läßt sich aus folgender Erwägung rechtfertigen: § 13 I des dän. Gesetzes[4]) ist unanwendbar, weil es tatbestandlich an dem hypothetischen Erbrecht des Vorverstorbenen gegenüber dem Überlebenden fehlt. § 13 II 1 a. a. O. darf nicht angewendet werden, weil die erbrechtlichen Beziehungen des Kindes gegenüber seinen natürlichen Eltern nur deswegen erlöschen, weil es regelmäßig gegen seinen Adoptivvater ein Erbrecht erhält. Ist dies nicht der Fall, so wird auch der Verlust des Erbrechts zwischen Kind und natürlichen Eltern sinnlos.

Vielmehr ist Art. 13 II 2 a. O. derart anzupassen, „daß das Erbrecht des Kindes nach seinen leiblichen Verwandten bestehen bleibt", weil das Kind den Adoptanten nicht beerbt. § 13 II 2 a. O. spricht diese Rechtsfolge zwar nur aus, wenn die Adoptionsbewilligung dies auf

[1]) IPR, S. 221.
[2]) Das Kind muß allerdings seinen Wohnsitz in Dänemark gehabt haben.
[3]) Vgl. Gamillscheg, ZAIP 18, S. 517 Anm. 7!
[4]) Art. 25 EGBGB; das Kind hatte seinen Wohnsitz in Dänemark.

Antrag bestimmt hat. Hier konnte diese Bewilligung deswegen nicht erteilt werden, weil die Adoption sich nach deutschem Recht richtet. Der Antrag bzw. die Bewilligung selbst haben aber ihre innere Berechtigung darin, daß ein ärmerer Adoptant, bei dem das Kind nicht viel zu erwarten hat, das Kind durch die Adoption nicht um seine Erbanwartschaft bei vermögenden Eltern bringen soll. Dieselbe Interessenlage liegt hier vor. Das Kind erwirbt nicht von seinem Adoptivvater, das Erbrecht nach seinen natürlichen Eltern muß darum bestehenbleiben.

Eine dritte Lösung hat Rabel[1]) vorgeschlagen. Die Beerbung des Kindes soll sich nur nach dem Adoptionsstatut richten. Diese Auffassung ist in den §§ 9 des AdoptG von Alabama und 84 des AdoptG von Maryland niedergelegt. Auch diese Ansicht kann zu Ungerechtigkeiten führen, wenn Erbstatut und Adoptionsstatut den Kreis der Erben „neben" den unmittelbar Beteiligten verschieden regeln. Ein Deutscher hat beispielsweise ein deutsches Kind adoptiert. Nach dem Tode des Adoptanten nahm sich dessen Schwester des Kindes an. Später emigrierten sie als politisch Verfolgte nach Dänemark, wo sie beide ihren Wohnsitz nahmen und schließlich auch die dänische Staatsangehörigkeit erwarben. Soll der Nachlaß (gem. Art. 22 EGBGB mit § 1763 BGB) an den Fiskus fallen, obwohl sich bei Anwendung dänischen Erbrechts (Art. 25 EGBGB; § 13 I a. O.) beide gegenseitig beerbt hätten? Das dürfte schwerlich einleuchten.

Was kann man aus alledem nun für die Abgrenzung von Vorfrage und Anpassung des Tatbestandes einer materiellen Norm ableiten? Ausgangspunkt muß m. E. in jedem Fall das Erbstatut sein, wie es auch M. Wolff vertritt[2]). Gibt dieses „dem Adoptivkind" ein Erbrecht, so ist zunächst zu prüfen, ob das erbrechtliche Ansprüche erhebende Kind wirksam vom Erblasser adoptiert wurde. Das ist die typische Vorfrage: Ist das Kind überhaupt rechtswirksam adoptiert? Dabei kommt es in diesem Zusammenhang nicht darauf an, ob diese Frage von dem IPR der lex fori oder von dem IPR der Rechtsordnung beantwortet wird, deren Sachrecht über die Hauptfrage entscheidet. Ergibt schon die Prüfung dieser Vorfrage, daß eine wirksame Adoption nach dem maßgeblichen IPR nicht vorliegt, so ist der Fall damit negativ entschieden; die Vorfrage war zu verneinen.

Ergibt die Prüfung, daß das Kind nach dem maßgebenden Statut wirksam adoptiert worden ist, so muß konsequenterweise die Vorfrage bejaht werden. Damit ist jedoch der Fall noch nicht positiv entschieden. Wohl aber ist die Vorfrage gelöst und damit erledigt. Ob diese — nach fremdem Recht wirksame — Adoption ein Erbrecht im Sinne des Erbstatuts begründen kann, das halte ich entgegen Wengler nicht mehr für eine Vorfragenproblematik, sondern diese Frage nach der Geeignet-

[1]) Conflict of Laws I, S. 654ff.
[2]) Richtig auch Lüderitz, Kumulation, § 115.

heit eines ausländischen Rechtsinstituts zur Ausfüllung inländischer Tatbestandsmerkmale stellt m. E. einen Anpassungsvorgang dar[1]).

Daß es sich um eine selbständige Problematik handelt, zeigen folgende Erwägungen:

Der Streit zwischen den „Vorfragentheorien" geht lediglich darum, ob unser IPR oder das IPR jener Rechtsordnung, die sachlich über die Hauptfrage entscheidet, zur Entscheidung über die Vorfrage berufen ist. Das Problem der „Prädestiniertheit" eines ausländischen Rechtsinstituts zur Ausfüllung eines inländischen Tatbestandsmerkmals ergibt sich jedoch in beiden Fällen, ist also von der besonderen Vorfragenproblematik unabhängig. Sodann: Ist die Vorfrage nach der Wirksamkeit eines fremdem Recht unterliegenden Rechtsverhältnisses verneint worden, so stellt sich die typische (Anpassungs-) Frage nach der „materiellen Geeignetheit" gar nicht mehr. Dann kann diese Frage aber auch nicht in den Vorfragenbereich gehören, sonst hätte eine negative Schlußfolgerung erst erfolgen dürfen, sofern auch die Prädestiniertheit fehlt. Kann es doch durchaus so liegen, daß ein ausländisches Rechtsverhältnis an sich geeignet erscheint, ein inländisches Tatbestandsmerkmal auszufüllen, während gleichwohl seine Gültigkeit zu verneinen ist.

Schließlich kann die materielle Geeignetheit eines wirksamen fremden Rechtsverhältnisses zur Ausfüllung der Tatbestandsmerkmale einer zu einer anderen Rechtsordnung gehörigen Norm nicht danach beurteilt werden, ob dieses ausländische „Merkmal" dem vorausgesetzten inländischen „Merkmal" gleichgestaltet ist. Das wäre ein Vergleich der abstrakten, gesetzlichen Gleichwertigkeit. Das obige Beispiel von der Beerbung des Dänen durch sein deutsches Adoptivkind hat jedoch gezeigt, daß die abstrakte Gleichwertigkeit nicht genügt. Denn würde man lediglich feststellen, daß sowohl nach deutschem wie nach dänischem Erbrecht das Adoptivkind ein Erbrecht gegen den Adoptanten hätte, und daraus die Folgerung ziehen, das wirksam adoptierte Kind könne erben, so übersähe eine solche Konklusion, daß ja gerade nicht die beiden Rechtsordnungen je in ihrer Ganzheit, sondern eben nur bruchstückhaft zur Anwendung gelangen. Es kommt lediglich darauf an, ob hic et nunc die Auswirkung des Zusammenspiels der mehreren Rechtsordnungen so ist, daß sie den — auch den hypothetisch vorausgesetzten — Intentionen beider Rechtsordnungen genügt. Dieses fall- und situationsbedingte ad-hoc-Prüfungsverfahren ist eben typische Anpassung.

In Übereinstimmung mit Jones[2]) und Louis-Lucas[3]) weise ich also dem Vorfragenbereich die Beantwortung der „question of status", der „question de la validité" oder der Frage nach der Wirksamkeit

---

[1]) Ein anderes Beispiel (vgl. Dölle, Festschrift Nikisch, S. 196f.): Ist ein ausländischer Wechsel eine Urkunde i. S. des § 602 ZPO? Vorfrage: Wenn die Gesetze des Ortes, nach welchem er gemäß Art. 92 WG beurteilt wird, erfüllt sind. Und — Subsumtionsanpassung —: Wenn er außerdem geeignet erscheint, in dem auf deutsche Wechsel zugeschnittenen Verfahren verwirklicht zu werden.

[2]) ICLQ 1956, S. 212. [3]) Rev. crit. d. dr. i. pr. 1957, S. 178ff.

(Gültigkeit) eines Rechtsverhältnisses zu. In diesem Zusammenhang müssen also sämtliche Erfordernisse, welche das fremde Recht etwa an die Adoption, an die Klageerhebung, an die Todeserklärung, an den Beurkundungsvorgang usf. stellt, genauestens erfüllt sein, wie das H. Neuhaus[1]) zu Recht hervorgehoben hat. Fehlt es etwa für die Wirksamkeit einer Adoption nach ausländischem Recht an irgendeiner Zustimmungserklärung, so mag diese Adoption hinsichtlich ihrer Voraussetzungen und ihrer Wirkungen genau der deutschen entsprechen; gleichwohl taucht die Frage gar nicht auf, ob sie geeignet ist, ein Erbrecht des „Adoptivkindes" im Sinne des BGB zu begründen. Es fehlt eben schon an der „validité"! Ist aber diese Vorfrage zu bejahen, so stellt das weitere Problem der „capacity" oder der „portée" oder der Gleichwertigkeit dieses fremden Rechtsinstituts im konkreten Fall die Anpassungsfrage dar. Hierbei kommt es nicht darauf an, daß eine volle Identität der zu vergleichenden Rechtsinstitute ermittelt wird. „In der Tat kann man für die Feststellung der Äquivalenz eines ausländischen Statuts mit der entsprechenden inländischen Institution wohl von Einzelheiten der Voraussetzungen wie der Folgen absehen"[2]).

Zusammenfassend läßt sich also sagen: Die Vorfrage hat es damit zu tun, ob ein in einem inländischen Tatbestandsmerkmal enthaltenes Rechtsverhältnis, welches ausländischem Recht unterliegt, nach diesem ausländischen Recht wirksam ist. Das ist nur dann der Fall, wenn sämtliche vom ausländischen Recht aufgestellten Erfordernisse erfüllt sind. Die Anpassung des Tatbestandes materiellrechtlicher Normen fragt dagegen, ob ein an sich wirksames fremdes Rechtsverhältnis geeignet erscheint, im konkreten Fall ein inländisches Tatbestandsmerkmal auszufüllen. Dies ist dann anzunehmen, wenn das ausländische Rechtsverhältnis in seinem Zusammenspiel mit den übrigen anwendbaren Normen den Fall im wesentlichen so regelt, wie das anzunehmen wäre, wenn nur inländisches Recht zur Entscheidung berufen wäre. Die Vorfrage löst das Problem allgemein; die Anpassung schafft darüber hinaus ausnahmsweise fallbedingte und fallbeschränkte Korrekturen.

§ 34 b) Die Wirkungsweise der Subsumtionsanpassung im Tatbestande kollisionsrechtlicher Normen.

Über das Verhältnis der Qualifikation von Systembegriffen im Tatbestande der Kollisionsnormen und die tatbestandsverändernde Anpassung kollisionsrechtlicher Bestimmungen finden sich im Schrifttum die verschiedensten Ansichten. Weil es ja gerade der Zweck der Kollisionsnorm ist, daß ihr Tatbestand auf ausländische Sachverhalte Bezug nimmt und fremde Rechtskategorien erfassen will, so liegt die Annahme nahe, daß diese Art der Anpassung von IPR -Normen dasselbe ist, wie die viel bemühte Qualifikation.

---

[1]) ZAIP 21, S. 379.

[2]) H. Neuhaus, ZAIP 21, S. 379: „. . . aber bei der Anerkennung eines konkreten ausländischen Status müssen die Voraussetzungen hingenommen werden, wie sie liegen, sonst kann von einer Anerkennung so wenig die Rede sein wie . . ."

So findet sich bereits bei Melchior[1]) die Äußerung, in der Literatur werde das Qualifikationsproblem zwar als Eigentümlichkeit des IPR betrachtet. „Aber dasselbe Phänomen zeigt sich auch da, wo zweifellos deutsches inneres Recht entscheidend ist." Melchior meint[2]), es sei ausgeschlossen, daß es eine verschiedene Art der Begriffsbestimmung gebe, je nachden es sich um Kollisionsnormen oder um materiellrechtliche handelt, bei welchen fremde Rechtsinstitute zu berücksichtigen sind. „Die Methode ist ja dieselbe, mag es sich um die international-privatrechtliche Qualifikation handeln oder um die Qualifikation von Begriffen aus Vorschriften des deutschen inneren Rechts"[3]).

Noch präziser hebt Wengler[4]) die Identität der Lewaldschen Substitution materieller Normen mit der sog. Qualifikation kollisionsrechtlicher Vorschriften hervor: „Auch das Problem der Substitution taucht nicht nur bei der Anwendung des materiellen Rechts auf, sondern ist m. E. nur ein Sonderfall desselben Phänomens, das sonst unter dem Namen Qualifikation bekannt ist." „Daß die Rahmenbegriffe, mit denen die Kollisionsnorm die Rechtsfrage bezeichnet, und die Rahmenbegriffe, mit denen die Sachnorm die präjudiziellen Rechtsverhältnisse bezeichnet, in bezug auf den Umfang der zu erfassenden fremdrechtlichen Rechtsverhältnisse nicht immer gleich zu interpretieren sind, vermag dem nicht Abtrag zu tun, daß es sich technisch gesehen um genau dieselbe Erscheinung handelt"[5]).

Auch Kegel[6]) spricht in diesem Zusammenhang von einer „besonderen Qualifikation für einen besonderen Zweck".

Eine praktische Illustration für diese Auffassung liefert der Soergelsche Kommentar[7]), welcher bei der Abgrenzung von den Ehehindernissen und -willensmängeln (Art. 13 EGBGB) einerseits sowie den Scheidungsgründen (Art. 17 EGBGB) andererseits meint:

„Gleichwohl wird man unter besonderen Umständen im Wege der Angleichung auch Scheidungsgründe unter Art. 13 bringen dürfen, dann nämlich, wenn sie in Wirklichkeit einen Willensmangel betreffen."

Zu demselben Problem äußert sich Raape[8]) wie folgt:

„Ob eine ausländische Vorschrift die Scheidung oder aber, ganz allgemein gesprochen, die Verneinung der Ehe betrifft, kann zuweilen

---

[1]) Grundlagen des deutschen IPR, S. 113.

[2]) A. a. O., S. 114.

[3]) A. a. O., S. 161.

[4]) ZfvglRW 55, S. 196f.; ZAIP 8, S. 181. Vgl. auch Vischer, Rechtsvergleichende Tatbestände, S. 45f. sowie Nußbaum, Grundzüge des IPR, S. 80!

[5]) M. E. irrt Wengler (ZAIP 8, S. 174) jedoch, wenn er den Unterschied zwischen den Systembegriffen materiellrechtlicher und kollisionsrechtlicher Normen darin sieht, daß diese eine „möglichst große Anzahl" von Instituten zusammenfassen sollen, während jene nur solche ausländischen Rechtsinstitute erfassen, die „materiell geeignet" erscheinen. Die Prädestiniertheit ausländischer Rechtsinhalte ist jedoch in beiden Fällen in gleicher Weise Voraussetzung.

[6]) Lehrbuch, S. 97.

[7]) Art. 13 I 2 = S. 130.

[8]) Lehrbuch, § 30 A I 5 = S. 272.

zweifelhaft sein. Die Entscheidung darüber, m. a. W. die Qualifikation, liegt wie immer bei uns, der lex fori. Von der Entscheidung hängt es ab, ob gemäß Art. 13 oder gemäß Art. 17 anzuknüpfen ist."

Hiernach hat es tatsächlich den Anschein, als werde dasselbe Problem unter zwei verschiedenen Namen geführt. Ich möchte aber meinen, daß sich der Soergelsche Kommentar insoweit irrt. Wenn z. B. die Rechte von Connecticut, Georgia, Kansas und Kentucky[1]) die erschlichene Eheschließung als Grund für eine „Scheidung" (divorce) betrachten, so qualifizieren wir — jedenfalls nach der herrschenden lex-fori-Theorie — diesen „Scheidungsgrund" immer als Nichtigkeits- bzw. Aufhebungsgrund. Das ist jedoch das allgemeine Ergebnis der Qualifikation und hat mit Anpassung nichts zu tun.

An anderer Stelle[2]) hat Wengler betont, daß das Anpassungsproblem etwas anderes sei als das Qualifikationsproblem, leider aber eine nähere Erläuterung unterlassen.

Wiethölter meint einmal[3]), „vielleicht wird man sogar sagen können, daß eine solche kollisionsrechtliche Lösung der Angleichungsfrage in den Rahmen des Qualifikationsproblems gehört. Die Angleichung würde so ihrer Selbständigkeit als ip-rechtliches Problem verlieren und im Rahmen der Qualifikation zu behandeln sein". Später[4]) äußert er sich demgegenüber dahin, daß die Qualifikation Anpassungsfragen „in ihren Bann" ziehe. Das ist zwar recht magisch ausgedrückt, doch kann man daraus wohl hinreichend deutlich entnehmen, daß Anpassung und Qualifikation selbständige Methoden sind, die allerdings lösungstechnisch eng zusammenhängen.

An dieser Stelle möchte ich zunächst einen Irrtum zurückweisen. Das Verhältnis Qualifikation — Anpassung ist unabhängig davon, welcher Qualifikationstheorie man folgt. Rigaux[5]) glaubt, die Entwicklung der Anpassung in der deutschen Doktrin sei der Versuch, Normenhäufung und Normenmangel bei der Qulifikation lege causae zu überwinden. Es hätte Rigaux schon auffallen müssen, daß die von ihm des öfteren zusammen mit M. Wolff zitierten Raape und Lewald nach der lex fori qualifizieren[6]) und gleichwohl Anpassungsschwierigkeiten zu meistern haben. Diese tauchen eben nach jeder Theorie auf[7]). Unterstellt man einmal die Ansicht als zutreffend, daß der Prozeßkostenvorschuß im alten Familienrecht des BGB dem Ehegüterrecht, im österreichischen

---

1) Bergmann, USA, S. 72, 98 u. 101.
2) ZfvglRW 55, S. 321.
3) Einseitige Kollisionsnormen, S. 54.
4) ZAIP 22, S. 742.
5) La Théorie des Qualifications, S. 383 und öfter.
6) Raape, Lehrbuch, § 15 = S. 106; Lewald, Rec. 1939 III, S. 80f.
7) Das hat Süß (Festgabe Rosenberg, S. 263 unten bis 265 oben) m. W. als erster ausgesprochen: „Man wird hier mit der üblichen Qualifikation überhaupt zu keinem haltbaren Ergebnis kommen, gleichgültig, welche der beiden Qualifikationstheorien man anwenden möge . . . Beide Qualifikationen treffen also ins Leere . . ." (für die Frage der Einordnung der Verjährung im anglo-amerikanischen Recht).

Recht dagegen den persönlichen Rechtsbeziehungen der Ehegatten zuzuordnen war, so können sich für die lex causae-Theorie folgende Schwierigkeiten ergeben:

Österreichische Eheleute werden Deutsche. Gemäß Art. 14 EGBGB erhält die Frau nach deutschem persönlichen Eherecht keinen Vorschuß; gemäß Art. 15 EGBGB kann sie aber auch nach österreichischem Güterrecht keinen Vorschuß begehren. Hier muß gewiß die Anpassung helfen.

Dieselbe Schwierigkeit hat jedoch die lex fori-Theorie mit dem Fall der deutschen Witwe, deren Mann vor seinem Tode Schwede wurde: Nach schwedischem Erbrecht und deutschem Ehegüterrecht (Art. 25 und 15 EGBGB) erhält die überlebende Frau in gleicher Weise nichts. Auch hier geht es nicht ohne die Anpassung.

Quantitativ mag zwar die lex causae-Qualifikation häufiger zu Anpassungsfragen führen; prinzipiell kann aber keine Qualifikationstheorie der Anpassungsmethode entbehren. Auch diese Erkenntnis weist auf einen Unterschied zwischen Qualifikation und Anpassung der IPR-Norm hin.

Aber wo liegen die Grenzen?

Rigaux[1]) scheidet die Anpassung (er benutzt den Lewaldschen Ausdruck „adaptation") von der Qualifikation in dieser Weise: Die Qualifikation sei eine streng begriffliche Methode, das anwendbare Recht herauszufinden, von der man sich vielleicht freimachen müßte. Demgegenüber betrachtet er die Anpassung als ein Verfahren, bei welchem die begriffliche Qualifikationsmethode durch die am „but" ausgerichtete ersetzt wird.

Diese Konfrontierung von begrifflich und zweckgerichtet scheint mir unglücklich gewählt; ihr liegt eine überholte[2]) Vorstellung vom Wesen der Qualifikation zugrunde. Zu Recht hat daher Batiffol[3]) die Forderung Rigaux', anstelle einer begrifflichen Qualifikation eine ergänzende Auslegung im empiristischen und teleologischen Stil zu wählen, entgegengehalten:

> „Mais c'est précisément ce que recherche la méthode de qualification: trouver dans la nature des normes substantielles la raison de'être des règles concernant leur champ d'application dans l'espace."
> „Il faudra toujours combiner observations des faits et analyse des situations, la close de chacune des méthodes varie selon les problèmes mais on ne peut exclure l'une ou l'autre."

Der Gegensatz Qualifikation — begrifflich, Anpassung teologisch orientierte Methode ist auch aus einem anderen Grund nicht unbedenklich. Wenn man die Begriffe als Abbreviationen typisierter Interessenlagen betrachtet[4]), so fällt der angebliche Gegensatz zwischen begriff-

---

[1]) La Théorie des Qualifications, Einleitung und S. 384.

[2]) Gegen die „begriffsjuristische" Qualifikation schon Neuner, Der Sinn, S. 131.

[3]) Rev. cr. d. dr. i pr. 1957, S. 140—43.

[4]) Darüber Kegel, Festschrift Lewald, S. 287 (Heck und Stoll) u. Esser, Stud. generale 1959, S. 107.

licher Qualifikation und teleologischer Anpassung zusammen. Diese Erwägung gibt m. E. aber einen wertvollen Ansatzpunkt für eine Unterscheidung der Qualifikation von der Anpassung.

§ 35 c) Die Qualifikation ist eine Auslegungsmethode, die von der im Tatbestande der IPR-Norm mittels bestimmter Sammelbegriffe (persönliche Rechtsbeziehungen, Güterrecht, Erbrecht usf.) typisierten[1]) Interessenlage ausgeht. Die Qualifikation klärt lediglich die Frage, ob irgendein Rechtsinstitut generell in die von der Kollisionsnorm gemeinte „Klasse" fällt. Es wird also nach Merkmalen qualifiziert, welche ein Rechtsinstitut „an sich" hat[2]). Überaus treffend hat dies schon Neumeyer[3]) formuliert:

> „Kollisionsnormen bedürfen einer besonders biegsamen, von dem materiellen Inlandsrecht sich ablösenden Bestimmung der sachlichen Kategorien, mit denen sie arbeiten, und sie müssen überdies als Typenlösungen aufgefaßt werden, neben denen eine abweichende Lösung nach den Erfordernissen des einzelnen Falles vorbehalten bleibt."

Bei der erforderlichen Auslegung und Subsumtion[4]) können zwar auch Interessenlagen, Wertungen und sonstige „außerbegriffliche" Umstände berücksichtigt werden; immer aber handelt es sich um eine allgemeine Einordnung.

Diese allgemeine Einordnung kann aus mehreren Gründen nicht zu einem abschließenden Ergebnis führen, und dann bleibt eben für die abweichende Lösung im Einzelfall, d. h. aber für die Subsumtionsanpassung der IPR-Norm Raum. Ein solches Versagen der Qualifikation ist in mehrfacher Weise denkbar:

Möglicherweise kennt das betreffende IPR gar keine Kollisionsnorm, unter welche ein fremdländisches Rechtsinstitut eingeordnet werden kann. Vielleicht bieten sich umgekehrt mehrere Kollisionsnormen an, in welche man ein Rechtsinstitut gleicherweise sinnvoll einreihen könnte. Möglicherweise läßt sich auch eine allgemeine Klassifizierung vornehmen, die jedoch hic et nunc keine Geltung beanspruchen darf. Als Beispiel für die erste Alternative ließe sich die sog. ägyptische Legitimation und die Adoption durch Staatshoheitsakt anführen[5]). Wenn man[5]) hier ungeachtet der Tatsache, daß das deutsche Recht weder eine Legitimation noch eine Adoption ohne Rücksicht auf Verwandtschaft und Willen des Kindes kennt, gleichwohl gemäß Art. 22 II EGBGB Zustimmungserfordernisse wie im Falle einer deutschen Legitimation durch Staatshoheitsakt verlangt, so hat das mit Qualifikation nichts

---

[1]) Über einzelne Kategorien einer solchen Typisierung vgl. Esser, Grundsatz und Norm, S. 34f., 298f.

[2]) Wengler, ZAIP 8, S. 181.

[3]) Internationales Verwaltungsrecht IV, S. 177.

[4]) Über das Wechselverhältnis von beiden vgl. Engisch, Einführung, S. 57f. und besonders glücklich Jesch (AÖR 82, S. 191): Jede Interpretation ist antizipierte Subsumtion und jede Subsumtion ist auch Interpretation.

[5]) Soergel, Art. 22 II = S. 231f; BayObLG, FamRZ 1957, 225.

mehr zu tun; denn worein sollte sinnvollerweise jenes unbekannte fremde Rechtsinstitut eingeordnet werden? Vielmehr handelt es sich einfach um die ad hoc-Schaffung eines Zustimmungserfordernisses im Wege der Anpassung.

Deutlicher wird dies noch in der zweiten Alternative. Ein „Schulbeispiel" geradezu bildet der heißumstrittene neue § 1371 I BGB[1]). „Wird der Güterstand durch den Tod eines Ehegatten beendet, so wird der Ausgleich des Zugewinns dadurch verwirklicht, daß sich der gesetzliche Erbteil des überlebenden Ehegatten um $\frac{1}{4}$ der Erbschaft erhöht ..." Ist diese Erbteilserhöhung güterrechtlich oder erbrechtlich zu qualifizieren?

Bosch[2]) hat sich — wohl wegen der rechtssystematischen Einordnung — für eine güterrechtliche Qualifikation ausgesprochen. Demgegenüber treten Schwoerer[3]) und Maßfeller[4]) (bestimmt) sowie Bährmann[5]) (zweifelnd) für eine erbrechtliche Einordnung ein. Ferid[6]) meint, daß „bei Gütertrennung mit Ausgleich des Zugewinns das „Ausgleichsviertel" dem überlebenden Ehegatten aus güterrechtlichem Erwerbsgrund zuzuordnen sein (wird), so daß die Erbfolge, über die das ausländische Erbstatut zu befinden hat, nur über $^3/_4$ des Nachlasses stattfinden kann." Braga[7]) ist der Ansicht, daß § 1371 I BGB in der Luft hänge, wenn das deutsche Güterrechtsstatut mit einem ausländischen Erbstatut zusammentreffe. Denn ein „Ersatzanschluß" an die dem § 1931 BGB äquivalente Bestimmung des ausländischen Rechts (der überlebende Ehegatte muß ja gesetzlicher Erbe sein) sei nicht möglich, weil § 1371 BGB latent auch die übrigen Bestimmungen des deutschen Erbrechts, z. B. §§ 1933, 2325, 2339ff. BGB, enthalte. Somit sei der überlebende Ehegatte nicht „Erbe" geworden, was zur Ausgleichung des Zugewinns gemäß §§ 1371 II, 1373ff. BGB führen müßte. Knur[8]) betont zu Recht „die enge Verzahnung zwischen dem Ehegüterrecht und dem Erbrecht, die für unser Rechtssystem in dieser Form neu ist".

Alle diese Lösungen[9]) haben m. E. den Nachteil, daß sie mit entsprechend gequälten Argumenten versuchen, die Erbteilserhöhung *ausschließlich* dem Güterrechts- oder Erbstatut zuzuordnen. Von einem solchen Versuch hat Heck schon 1891 in einer Rezension der zweiten Auflage von Bars „Theorie und Praxis des IPR"[10]) gesagt:

---

[1]) Daß hier nicht einmal die deutsche Rechtswissenschaft über die Qualifikation eines innerstaatlichen Rechtsinstituts einig ist, macht das Problem nur reizvoller.
[2]) FamRZ 1957, S. 195f.
[3]) Die Justiz 1957, S. 325.
[4]) Betrieb 1958, S. 566.
[5]) AcP 157, S. 198f.
[6]) FamRZ 1957, S. 73.
[7]) FamRZ 1957, S. 341.
[8]) DNotZ 1957, S. 455 Anm. 16.
[9]) Zuletzt noch Reithmann, FamRZ 1959, S. 267ff.
[10]) ZfgesHR 38, S. 312.

„Die Methode ist willkürlich, denn die verschiedenen Rechtsgebiete sind weder für die Zwecke des IPR gebildet, noch überhaupt ausschließliche Kategorien, so daß es möglich ist, daß ein Rechtsgesetz sich in mehrere zugleich einordnen läßt."

Auch Rabel[1]) meint, die Einordnung entweder in das Güterrecht oder in das Erbrecht sei zwar einfach, trage aber der Koexistenz beider Kollisionsrechte nicht Rechnung. Ebenso hat Neuner[2]) betont, daß es hier keine erschöpfende Qualifikationslösung geben könne. Wengler[3]) hat sodann allgemein die Möglichkeit von „Mehrfachqualifikationen" herausgearbeitet und das gequälte Entweder — Oder verworfen[4]). Diese Gedanken hat sich leider bei der Behandlung des § 1371 I BGB nur Müller-Freienfels[5]) zu eigen gemacht. Er führt m. E. völlig zu Recht aus:

„Damit wird aber der Qualifikationsfrage eine normative Bedeutung beigemessen, die sie hier gar nicht hat, ganz abgesehen davon, daß nicht die Lokalisierung im Gesetz über ihre Funktion entscheidet."

Müller-Freienfels wählt eine güterrechtliche Lösung als Ausgangspunkt und möchte sodann mit der Anpassungsmethode helfen. Das kann ich nur billigen:

Auf diese Weise erhält man zunächst eine allgemeine, aber eben nur provisorische Lösung. Die Hauptsache ist, daß sich der Qualifizierende bewußt bleibt, seine Einordnung brauche im Einzelfall nicht definitiv zu sein. Es scheint mir methodisch unklug, sich durch eine vergewaltigende Qualifikation vorzeitig die Hände zu binden. Besser ist es, zunächst einmal vom Güterrechtsstatut auszugehen, d. h. güterrechtlich zu qualifizieren und dann die endgültige Festlegung dem Einzelfall zu überlassen. Dabei hat Maßfeller[6]) sicher Recht, daß § 1371 BGB sich nur auf Fälle bezieht, in denen die Ehegatten bis zum Tode des Erstversterbenden im deutschen gesetzlichen Güterstand der Zugewinngemeinschaft leben. Ist aber deutsches Güterrecht mit fremdem Erbstatut gekoppelt, so müßte man m. E. unterscheiden.

Die Lösung von Ferid[7]) dürfte dann anzuwenden sein, wenn etwa die Witwe nach dem Erbstatut nur ein Nießbrauchsrecht an einer einem Kindeserbteil entsprechenden Quote des Nachlasses erwirbt. Denn warum sollte man ihr hier auch den güterrechtlichen Ausgleich versagen? Daß bei einem ausländischen Erbstatut niemals eine Erhöhung der Erbquote gemäß § 1371 I BGB eintreten könne, halte ich für verfehlt. Es ist zunächst ohne weiteres denkbar, daß ein ausländisches Erbrecht der Witwe ebenfalls ein Viertel der Erbschaft zuteilt, weil es auch noch güterrechtlich für sie sorgt. Warum soll man hier die Quoten der beiden

---

1) ZAIP 5, S. 254.
2) Der Sinn, S. 68.
3) Festschrift Wolff, S. 348, 363f., 365f.
4) Ihm folgt neuestens Selb, AcP 157, S. 347f.
5) JZ 1957, S. 690 Anm. 33.
6) Betrieb 1958, S. 566.
7) FamRZ 1957, S. 73.

Statuten nicht addieren? Der Ersatzanschluß deutschen Güterrechts an ausländisches Erbrecht ist deshalb möglich, weil die beiden zusammentreffenden Regeln kommensurabel, gleichwertig sind.

Und wie, wenn das ausländische Erbstatut der Witwe gar nichts als Erbquote gewährt, weil es güterrechtlich für sie vorgesorgt zu haben glaubt? Auch hier wieder kann nur die Anpassung helfen. Maßfeller[1]) will in Fällen, wo wegen der Beerbung nach ausländischem Recht und der folgeweisen Anwendung der §§ 1373ff. BGB der überlebende Ehegatte erheblich besser steht, als er bei Anwendung des deutschen Erbrechts stände, mit § 1381 BGB helfen. Ob das ein Weg sein wird, Sollenswidersprüche zwischen Güterrechtsstatut und Erbstatut auszuschalten, scheint mit zweifelhaft; außerdem wird man es kaum eher entscheiden können, als die Rechtsprechung diese Vorschrift näher präzisiert hat. Ich glaube jedoch, daß der theoretisch saubere Weg nicht über eine Ausprägung „von Treu und Glauben", sondern über die Anpassung führt. Dies wird hier dadurch erhärtet, daß § 1381 BGB zwar helfen kann, wenn der überlebende Ehegatte durch das nicht aufeinander abgestimmte Zusammentreffen von Güterrechtsstatut und Erbstatut mehr erhält, als er nach der Intention beider Rechtsordnungen insgesamt erhalten soll. Diese Lösung versagt jedoch, wenn er im gleichen Fall weniger oder gar nichts zugeteilt bekommt.

In allen diesen Fällen hat die Qualifikation ihren Dienst getan, ohne zu einem vernünftigen, d. h. mit der Intention der beteiligten Rechtsordnungen zu vereinbarenden Ergebnis geführt zu haben. Dann greift aber die Anpassungsmethode ein. Sie ist auch hier wieder, ebenso wie bei der Abgrenzung der Vorfrage von der materiellrechtlichen Subsumtionsanpassung[2]), die typisch individualisierende, am konkreten Fall ausgerichtete Methode. Der Gegensatz und das Abgrenzungskriterium zwischen Qualifikation und kollisionsrechtlicher Subsumtionsanpassung liegt also nicht, wie Rigaux meint[3]), darin, daß jene mehr begrifflich, diese mehr zweckgerichtet orientiert sei. Vielmehr ist die Qualifikation eine generalisierende, klassifizierende, typisierende Rechtsanwendungsmethode, während die Anpassung eine individualisierende, konkretisierende und spezialisierende Betrachtungsweise ist.

Die Qualifikation hat bei der „handwerksmäßigen" Rechtsanwendung, wie im normlogischen Aufbau den Vorrang vor der Anpassung. Zunächst muß qualifiziert sein, ehe angepaßt wird — ebenso wie zunächst die Vorfrage zu lösen war, ehe angepaßt werden konnte. Freilich bedeutet das nicht, daß das mittels der Qualifikation gefundene Ergebnis unabänderlich feststehe. Insofern ist das Resultat einer Qualifikation nur vorläufig und durch eine abweichende Lösung mittels der Anpassung „auflösend bedingt"[4]).

---

[1]) Betrieb 1958, S. 566.

[2]) Vgl. oben § 33!

[3]) La Théorie des Qualifications, Einleitung u. S. 384.

[4]) Wengler (ZAIP 16, S. 29f.) spricht einmal von „progressiver" Rechtsanwendung.

In Anlehnung an das von Heck gebrauchte Bild läßt sich das rechtstechnische Vorgehen auch aus dem Gehalt der Norm heraus erklären:

Die Qualifikation geht vom Begriffskern[1]) der IPR-Norm aus. Diesen Inhaltskern[2]) des Tatbestandes einer IPR-Norm bildet das zugehörige Rechtsinstitut des internen materiellen Rechts. Der Begriffshof der tatbestandlich umrissenen Rechtsinstitute erfaßt überdies die teilweise — mehr oder weniger — vom deutschen materiellen Recht abweichenden fremdländischen Begriffe.

Die Begriffshöfe sind bei den IPR-Normen naturgemäß weit und zu ihren Rändern hin verschwommen. Diese Weite und Verschwommenheit der international-privatrechtlichen Begriffshöfe führt zu Überschneidungen mit anderen, benachbarten Begriffshöfen, welche durch eine Qualifikation nicht mehr abzugrenzen sind. So kann man sich an diesem Bild vorstellen, wie ein Rechtsinstitut (§ 1371 I n. F. BGB) gleicherweise in den Hof der ehegüterrechtlichen und der erbrechtlichen Bestimmungen unter Ehegatten fällt. Dann muß es eben auch eine gequälte Qualifikation[3]) sein, dieses Rechtsinstitut nur dem einen oder anderen Bereich einzuordnen. Hier hilft nur eine fallbezogene konkrete Lösung, welche der Anpassung zufällt.

Somit hat die tatbestandsverändernde Anpassung nicht nur im materiellen Recht, sondern auch im Kollisionsrecht neben der Qualifikation ihre Daseinsberechtigung.

§ 36 d) Die Wirkungsweise der Konklusionsanpassung einer Rechtsfolgeanordnung bei Sach- und Kollisionsnormen.

Über die Anpassung der Rechtsfolge (Konklusionsanpassung) braucht an dieser Stelle nicht viel gesagt zu werden. Der dritte Hauptteil dieser Arbeit bringt dafür genügend Beispiele. Sie besteht darin, daß trotz der Feststellung aller von der Norm vorausgesetzten Merkmale im tatsächlichen wie rechtlichen Bereich nicht die regelmäßig von dieser Norm angeordnete Folge ausgesprochen wird, sondern unter Berücksichtignug der Tatsache, daß auch Rechtsnormen anderer Rechtsordnungen diesen Sachverhalt mitregeln, eine abweichende Folgerung gezogen wird.

Ein Beispiel für die Konklusionsanpassung materiell rechtlicher Normen bietet der erörterte Fall der wiederverehelichten Schweizer Witwe mit minderjährigen Kindern. Nach einhelliger Meinung verliert die Witwe die elterlichen Befugnisse nicht, obwohl sie das Vormundschaftsgericht vor ihrer Heirat nicht angerufen hatte: Also eine Abwandlung

---

[1]) Vgl. dazu Jesch, AÖR 82, S. 172!

[2]) Wengler, ZAIP 8, S. 158; S. 157 a. O. spricht er von „Minimalinhalt": „. . . ebenso wie für die Institutsbegriffe in der vollständigen Kollisionsnorm der Inhalt eines bestimmten Instituts, so wie es von den Sachnormen der lex fori geregelt ist, das inhaltliche Minimum des kollisionsrechtlichen Begriffs darstellt." Vgl. auch S. 173f. a. O.

[3]) Wengler, Festschrift Wolff, S. 365f.; Neumeyer, Internationales Verwaltungsrecht IV, S. 177; Selb, AcP 157, S. 347f.

der von Art. 340 II c. c. it. regelmäßig angeordneten Rechtsfolge! Diese Konklusionsanpassung im materiellen Bereich entspricht der Lewaldschen Substitution.

Die Konklusionsanpassung im kollisionsrechtlichen Bereich entpuppt sich als Kegels kollisionsrechtliche Lösung: Der Herrschaftsbereich zweier IPR-Normen wird ad hoc verschoben, um Normenwidersprüche zu vermeiden. Zwei oder mehrere logisch bzw. teleologisch nicht zu vereinbarende Rechtsfolgeanordnungen werden so angepaßt, daß nur noch die eine ihre Wirkung behält oder auch beide nachgeben müssen: „Die eigenen Kollisionsnormen schließen nicht aus, daß in Ausnahmefällen doch abweichend von ihren Geboten ein anderes materielles Recht herangezogen werden darf."[1])

In dem geschilderten Fall des ebenso heirats- wie scheidungslustigen Bürgers aus Glarus wurde etwa Art. 17 III EGBGB zunächst zugunsten einer reibungslosen Abwicklung des Schenkungswiderrufs von Hochzeitsgeschenken allein nach Art. 17 I EGBGB verdrängt. Oder, um hier noch ein Beispiel zu nennen, Art. 19 EGBGB wird auf Kosten des Art. 14 EGBGB vernachlässigt, wenn das elterliche Gewaltstatut mit dem Eherechtsstatut kollidiert[2]). Die Rechtsfolge des Art. 19 EGBGB (= das Heimatrecht des Vaters soll entscheiden) wird also abgewandelt in eine andere (= das Heimatrecht des Ehemannes soll hier ausnahmsweise entscheiden).

Über das Verhältnis der materiellrechtlichen zu der kollisionsrechtlichen Rechtsfolgeanpassung läßt sich wenig mit Allgemeingültigkeit sagen. Kegel[3]) will der kollisionsrechtlichen Lösung regelmäßig den Vorzug geben. Mir scheint es methodisch vorteilhafter zu sein, eine materiellrechtliche Anpassung zu suchen. Man schlägt sich sonst durch die kollisionsrechtliche Lösung die Türen zu einem materiellrechtlichen Ausgleich vorzeitig zu[4]), was an dem oben besprochenen Fall des Schenkungswiderrufs nach Ehescheidung nachzuweisen versucht wurde.

§ 37 3. Die Anpassung kann nur zur Veränderung des Tatbestandes bzw. der Rechtsfolge bestehender Normen führen. Damit soll nicht einer künstlichen Unterscheidung zwischen abgewandelter und neugeschaffener Norm das Wort geredet werden. Dieser Unterschied läßt sich in der Tat kaum durchführen. Denn es ist letztlich dasselbe, ob man sagt, der Tatbestand oder die Rechtsfolge einer bestehenden Norm werde verändert, oder: durch die Veränderung des Tatbestandes bzw. der Rechtsfolge werde eine neue Norm geschaffen. Darüber habe ich oben[5]) schon in anderem Zusammenhang gesprochen.

---

[1]) Serick, ZAIP 21, S. 231.

[2]) Vgl. RGZ 91, 403!

[3]) Festschrift Lewald, S. 276f. Zurückhaltender allerdings im Lehrbuch Teil II, § 8 III 2. Ihm folgt Wiethölter, Einseitige Kollisionsnormen, S. 54.

[4]) In diesem Sinne auch Wengler, Intern. Recht u. Diplomatie 1956, S. 73.

[5]) § 31.

Im Gegensatz zu Kegel[1]) und Steindorff[2]) bin ich jedoch der Meinung, daß die Anpassung keine neuen „materiellen Normen im IPR" schaffen kann. M. E. hat Kegel an dieser Stelle die Anpassungsprinzipien, also Regeln, wie die oben bereits in anderem Zusammenhang erörterten Auslegungsregeln und Denk-„Gesetze", zu Unrecht zu Rechtsnormen verdichtet. Der Hinweis auf Art. 18 II 2, 23 II EGBGB und ähnliche Vorschriften im Wechsel- und Scheckgesetz gewissermaßen als „gesetzliche Beispiele" für materielles Recht im IPR erscheint nicht schlüssig. Es wäre ja noch der Beweis zu erbringen, daß diese Vorschriften wirklich „im" Kollisionsrecht und nicht vielmehr im Sachrecht stehen. Es besagt nichts, daß sie in das EGBGB eingeordnet sind, denn auch die Art. 26 und 31 EGBGB sind anerkanntermaßen[3]) keine Kollisions-, sondern Sachnormen.

Davon abgesehen steht m. E. nichts im Wege, die zutreffenden Lösungen Kegels ohne die systemwidrige Bildung materiellen Rechts im IPR aufrechtzuerhalten. Ausgangspunkt für diese Erwägung ist, daß die Veränderung des materiellen Rechts in der betreffenden nationalen Rechtsordnung wiederum nur zur Bildung materiellen Rechts führen kann, das eben dieser nationalen Rechtsordnung angehört. Der „rettende Sprung" in unser IPR ist m. E. auch gar nicht nötig:

Kegel meint zwar, die Bildung materiellen Rechts im IPR greife nur dann Platz, „wenn in Fällen der Angleichung weder die berufenden deutschen Kollisionsnormen noch die berufenen materiellen Regeln abgewandelt werden können". Die von ihm angeführten Beispiele sollen im letzten Hauptteil[4]) unter den „Konträrfällen" erörtert werden; mir scheint, der anpassende Eingriff ist in diesen Fällen zwar recht stark und vielleicht ohne entsprechendes Vorbild, an das man sich anlehnen könnte, darum aber gleichwohl nicht unmöglich.

Ich stimme mit Steindorff[5]) darin überein, daß die Anpassungsgrundsätze nicht nur einer der beteiligten materiellen Rechtsordnungen entnommen werden können. Die „Lösungsprinzipien" (sic!) muß tatsächlich das IPR abgeben; dieses hat die Harmoniestörungen verursacht. Aber daraus folgt nicht, daß diese „Lösungsprinzipien" Sachnormen im Kollisionsrecht sind. Die Anpassungsgrundsätze wirken an Sachnormen der beteiligten nationalen Rechte und verändern diese und nur diese.

---

[1]) Soergel, Vorbem. Art. 7 I 9 = S. 22; Lehrbuch, S. 102. Man vergleiche auch Francescakis, La Théorie du Renvoi, S. 10—19, 48/49.

[2]) Sachnormen im IPR, passim.

[3]) Soergel, Art. 26 = S. 266; Art. 31 II = S. 301.

[4]) Vgl. unten § 53!

[5]) Sachnormen, S. 28.

Dritter Hauptteil

Falltypen der Anpassung

§ 38 Der Sinn dieses Hauptteils ist darin zu sehen, daß Anpassungssituationen auf ihre typischen Ursachen untersucht werden sollen und Lösungswege für einzelne Fallgruppen zu finden sind. Ich kann nicht hoffen, den goldenen Mittelweg zwischen zwei in gleicher Weise verlockenden Extremen gefunden zu haben:

Einmal in ganz konkreter Fallkasuistik zu verweilen oder aber völlig freischwebende abstrakte Prinzipien zu reiten. Mehr noch als sonst müßte man hier die Worte Nicolai Hartmanns[1]) beherzigen:

„Soll ich die Situation durchdringen, dann muß ich sie überschauen, das Wesentliche herausfinden, ihre Vielschichtigkeit in Rechnung ziehen, nicht bei einer Methode beharren, — und dazu gehört noch die Beweglichkeit des Geistes."

Sodann zeigt sich bei der stichwortartigen Bildung typischer Fallgruppen noch eine andere Eigenart: Das Herausarbeiten der Anpassungsschwierigkeit, d. h. der Ursache der jeweiligen Harmoniestörung, ist fast wichtiger als ihre Lösung. Denn sobald man sich über das Typische der Harmoniestörung klargeworden ist, ist damit die Lösung schon von selbst vorgezeichnet; zumindest, was das Ergebnis anbetrifft — und welchem Juristen würde es dann noch schwer fallen, die Begründung zu finden. Es bewahrheitet sich hier in besonderem Maße eine Feststellung Engischs[2]):

„Eine wohlgediegene systematische Einordnung hat meist auch sachliche Bedeutung. Sie impliziert eine rechtliche Qualifikation ..." Aber eben nur eine wohlgediegene Einordnung!

A. Formale oder äußere Betrachtungsweise

§ 39 Ehe nun an eine Typenanalyse gegangen werden soll, empfiehlt es sich **m.** E., einen zusammengerafften Überblick über die Lösungsmöglichkeiten der Anpassung zu geben; auf diese Weise dürften später die vorgeschlagenen Lösungen „durchsichtiger" erscheinen.

Die Subsumptionsanpassung kennt nur ein Lösungsprinzip: das der Gleichwertigkeit. Kann ein ausländischer Rechtsherrschaft unterliegendes Geschehen in diesem konkreten Fall als geeignet angesehen werden, das Tatbestandsmerkmal einer inländischen Norm auszufüllen, ist hier die Frage. Bejaht man sie, hat man die Subsumptionsanpassung vollzogen, andernfalls lehnt man sie ab.

---

[1]) Philosophische Gespräche, S. 14.

[2]) Studium generale 1957, S. 188.

Der Konklusionsanpassung stehen weitaus vielfältigere Wege zur Verfügung. Die Konklusionsanpassung materiellrechtlicher Normen läßt sich nach der jeweils veränderten Rechtsordnung gruppieren:

Es braucht gar keine Rechtsordnung verändert zu werden; dies ist denkbar, wenn die Harmoniestörung so gering ist, daß schon die vorhandenen Mittel des geltenden Rechts in den beteiligten Rechtsordnungen ausreichen, ein annehmbares Ergebnis zu erzielen. So würde ich in dem mehrfach erwähnten Fall der wiederverehelichten Schweizer Witwe weder das Schweizer noch das italienische Recht verändern. Es ist zwar unbillig, daß die Frau zunächst ihre elterlichen Befugnisse verliert, obwohl sie gar keine Möglichkeit hatte, dies durch eine Anrufung des italienischen Vormundschaftsgerichts zu verhindern. Aber diese Unbilligkeit kann das italienische Vormundschaftsgericht ja gleich nach dem Statutenwechsel dadurch beseitigen, daß es der Frau ihre elterlichen Rechte wieder verleiht.

Die häufigsten Fälle sind die, daß eine Rechtsordnung angepaßt wird. Dies kann sowohl bei einseitigem wie bei mehrseitigem Widerspruch der Fall sein. Unerheblich ist m. E. auch, ob die veränderte Rechtsordnung nun gerade die deutsche oder eine ausländische, ob es die widersprechende oder die nichtwidersprechende Rechtsordnung ist. Wesentlich kann nur sein, daß der anpassende Eingriff gerade dort vorgenommen wird, wo er in gleicher Weise sich rechtstechnisch am besten durchführen läßt und der Gerechtigkeit am weitgehendsten zum Durchbruch verhilft.

Angepaßt werden können auch zwei oder gar mehrere Rechtsordnungen; dies möchte ich auch für solche Fälle nicht ausschließen, wo nur ein einseitiger Normenwiderspruch vorliegt.

Schließlich ist es denkbar, daß keine der in Widerstreit stehenden Rechtsordnungen verändert wird, sondern an ihrer Stelle eine dritte Rechtsordnung ausschließlich herangezogen wird, nämlich die lex fori[1]).

Die Konklusionsanpassung im IPR kann man nach dem jeweiligen rechtstechnischen Mittel gruppieren, welches die kollisionsrechtliche Lösung bevorzugt: Beitzke[2]) entwirft einen Fall, wo es — etwa infolge Art. 28 EGBGB — aus tatsächlichen oder gar rechtlichen Gründen nicht gelingen mag, gleichzeitig mehrere Formen bei der Errichtung eines Testaments zu wahren. Um hier dem Normenwiderspruch zu entgehen, möchte er Art. 27 EGBGB für die Form einschränken und dadurch der „Rückverweisung ausweichen“[3]). Die Einschränkung des renvoi bildet hier das Anpassungsmittel. Ähnlich liegt es mit Kegels[4]) „Abweisung“ in dem Todesfall des französischen Handlungsreisenden in der Schweiz. Um zu vermeiden, daß der bewegliche Nachlaß herrenlos wird, konstruiert man eine Art Verweisung des Staates mit gebietlichem Aneignungsrecht

---

[1]) Vielleicht ist das eine IPR-Anpassung, vgl. S. 99 oben!
[2]) Festschrift Lewald, S. 241.
[3]) Dagegen Mezger, JZ 1956, S. 306 Anm. 27.
[4]) Soergel, Art. 27 I 4 a. E. = S. 269 und oben § 9.

auf den Staat mit echtem Erbrecht des Fiskus. In Beitzkes Beispiel wird die Verweisung um der Harmonie willen ignoriert, in Kegels Beispiel wird sie um der Harmonie willen fingiert.

Ein typisch kollisionsrechtliches Mittel zur Vermeidung von Harmoniestörungen ist die Anknüpfung an das sog. essentielle Recht des Falles und eben nur an dieses Recht. Dabei wird der sachliche, persönliche oder zeitliche Schwerpunkt — letzteres etwa beim Statutenwechsel als Frage, ob das erste oder letzte Recht ausschlaggebend sein soll — des Falles erforscht.

Wieder eine andere Möglichkeit ist diese, an das „stärkere" oder auch an das „schwächere" Recht anzuknüpfen; jenes z. B. im Recht der unerlaubten Handlungen[1]), dieses etwa im Familienrecht[2]). Auch den Rückzug auf die lex fori mag man hierher zählen.

B. Strukturelle oder innere Betrachtungsweise

I. Die Subsumtionsanpassung

§ 40 1. Äquivalenzfälle. a) Die Subsumtionsanpassung wird dadurch verursacht, daß sich ein tatbestandlich vorausgesetztes Merkmal der anzuwendenden Rechtsnorm unter der Herrschaft einer fremden Rechtsordnung verwirklicht hat. Es treten in diesem Zusammenhang zwei Fragen auf:

Läßt die anzuwendende Rechtsnorm überhaupt zu, daß „ausländische" Merkmale ihrem Tatbestande subsumiert werden? Und bejahendenfalls, wie müssen dann diese ausländischen Merkmale beschaffen sein, um das regelmäßig vorausgesetzte inländische ersetzen zu können?

Bei der Beantwortung der ersten Frage kommen drei Möglichkeiten in Betracht. Der Gesetzgeber kann den tatbestandlichen Bereich der von ihm erlassenen Rechtsnormen absichtlich, ausdrücklich und in erkennbarer Weise auf das Inland bzw. inländische Lebensvorgänge beschränken. Eine solche Beschränkung sieht Raape[3]) z. B. in § 38 EheG enthalten; die alte Ehe werde gem. § 38 II 1 EheG nur dann durch die Eingehung der neuen aufgelöst, wenn eine inländische Todeserklärung vorgenommen worden sei. Ich halte das nicht für zwingend: Auch hier ist zu untersuchen, ob die ausländische Todeserklärung so beschaffen ist, daß man sie einer inländischen gleichstellen kann. Dabei wird es von Bedeutung sein, ob diese Todeserklärung etwa in einem Staate erfolgt ist, welcher ebenso wie unser Recht dem sog. System der Todeserklärung folgt oder aber einem System der Abwesenheits- oder Verschollenheitserklärung[4]). Sodann muß man untersuchen, wie die Voraussetzungen für

---

[1]) Vgl. Rudolf Schmidt, Festschrift Lehmann 1937, S. 191; BGH, NJW 1958, S. 752! Zu dieser Frage im amerikanischen Recht: Ehrenzweig, Festschrift Rabel I, S. 655ff.

[2]) Lüderitz, Kumulation, § 126 mit Nachweisen.

[3]) Lehrbuch, § 28 I 2 a Anm. 50 = S. 261 und II = S. 263.

[4]) Dazu Nipperdey, Allgem. Teil I, § 86 Anm. 7 mit zahlreichen Nachweisen.

eine Todeserklärung in dem betreffenden fremden Recht geordnet sind, ob sie strenger oder großzügiger ausgestaltet sind als unser Verschollenheitsgesetz. Allerdings dürfen wir dabei nicht zu engherzig vorgehen.

Es kann nicht darauf ankommen, ob etwa die Fristen, nach denen eine Todeserklärung möglich ist, dem deutschen genau entsprechen. Ebensowenig dürfte es ausschlaggebend sein, ob die Todeserklärung durch ein Gericht oder eine Verwaltungsbehörde getroffen wird oder ob sie gar automatisch kraft Gesetzes eintritt, ob sie eine jederzeit widerlegliche Vermutung begründet oder ob zur Widerlegung ein gerichtliches Erkenntnis notwendig ist. Das alles sind regelmäßig unwesentliche Details, welche es m. E. nicht ausschließen, daß eine — anerkannte — ausländische Todeserklärung die Wirkungen des § 38 II 1 EheG auslösen kann.

Hier sollte jedoch Raapes Ansicht nur als Beleg dafür angeführt werden, daß eine Norm ihren tatbestandlichen Geltungsbereich auf inländische Vorgänge beschränken *kann*. Dabei ist jedoch sofort eine praktisch überaus wichtige Einschränkung zu machen:

Der bloße *Wortlaut* einer Vorschrift für sich allein rechtfertigt es noch nicht, eine solche tatbestandliche Beschränkung auf inländische Vorfälle anzunehmen, und folgeweise die Subsumtionsanpassung auszuschließen. Hierfür läßt sich ein Urteil des LG Trier[1]) als Beispiel anführen.

Ein in Deutschland wohnhaftes Ehepaar ließ die Geburt eines Kindes in das deutsche Personenstandsregister eintragen. Der Mann, ein Spanier, wollte später die Ehelichkeit des Kindes anfechten (Art. 18 EGBGB). Art. 113 des spanischen Código civil bestimmt[2]):

> „Die Klage, durch welche die Vaterschaft angefochten wird, muß binnen zwei Monaten nach der Eintragung der Geburt in das *Register* erhoben werden, wenn diese an dem Orte stattfindet, wo der Ehemann . . . sich aufhält.
>
> Falls sie abwesend sind, beträgt die Frist drei Monate, wenn sie sich in Spanien aufhalten und sechs, wenn außerhalb. Ist die Geburt des Kindes verheimlicht worden, so läuft die Frist vom Tage der Kenntnis des Betruges."

Die Anpassungsfrage stellt sich hier dahin, ob das Tatbestandsmerkmal „Register" in Abs. 1 des Art. 113 a. O. auch durch das deutsche Personenstandsregister ausgefüllt werden kann. Art. 326 Halbs. 2 des spanischen Código civil spricht nun ausdrücklich *nur* von Registern innerhalb Spaniens und außerhalb von solchen, die durch konsularische oder diplomatische (spanische) Beamte geführt werden. Gleichwohl führt das LG Trier aus:

> „Der Eintragung in dieses (spanische) Register ist aber . . . die hier . . . vorgenommene Eintragung in das deutsche Standesregister gleich zu erachten, da dieses ebenso wie das spanische Register nicht nur die

[1]) FamRZ 1956, S. 131/132.
[2]) Nach Bergmann.

bloße Formalität der Eintragung erfüllt, sondern auch die erfolgte Geburt öffentlich bekanntmacht."

Damit ist zum Ausdruck gebracht, daß der Wortlaut der spanischen Vorschrift nicht den Sinn hat, gleichartige ausländische Vorgänge von der Subsumtion unter die inländische Norm auszuschließen. Ob diese Entscheidung allerdings zutrifft[1]), läßt sich aus den angeführten Gründen nicht beurteilen. Unrichtig wäre es zumindest, die Deduktion darauf zu stützen, daß nach deutscher Auffassung die spanischen und deutschen Personenstandsregister gleichzustellen seien und darum eine Subsumtionsanpassung in Frage komme. Denn wendet man schon spanisches Recht auf die Anfechtung an (Art. 18 EGBGB), so kann auch nur das spanische Recht entscheiden, ob es die Eintragung in deutsche Personenstandsregister der Eintragung in spanische gleich erachten will[2]). Hierfür bietet das Urteil jedoch keine Belege, vermutlich deshalb, weil es keine auffinden konnte[3]). Diese Möglichkeit ist in solchen Fällen nie auszuschließen, weil die nationalen einschlägigen Kommentierungen sich regelmäßig nur mit den im Inland auftauchenden Rechtsproblemen beschäftigen. In diesem Fall halte ich es daher für zweckmäßig und vertretbar, die Möglichkeit einer solchen Subsumtionsanpassung zwar auf der Grundlage der betreffenden spanischen Vorschrift, aber doch unter „deutschen Gesichtspunkten" bezüglich der Gleichwertigkeit beider Register vorzunehmen. Das heißt:

Formell prüft der Richter zwar nach spanischem Recht, ob die Anpassung möglich ist. Da er dort aber keinen Anhaltspunkt finden kann, schöpft er die maßgebliche Erwägung zur Auslegung des spanischen Rechts aus seinem — deutschen — Rechtsdenken.

Das Gegenstück zu den Rechtsnormen, welche ihren tatbestandlichen Geltungsbereich ausdrücklich und erkennbar deutlich auf das Inland beschränken, bilden diejenigen, welche ihren Anwendungsbereich expressis verbis auf ausländische Vorfälle erstrecken. Als Beispiel sei nur das erwähnte FremdRG[4]) angeführt, nach welchem einer Person ein Anspruch zusteht, wenn sie in einem fremden Staat von einem Sicherungssystem geschützt wurde, das einer gesetzlichen Rentenversicherung gleich zu erachten ist. Hier ist ja gerade der Gesetzeszweck, äquivalente[5]) aus-

---

[1]) Noch ein anderes Bedenken taucht auf: Muß man, wenn man schon die deutsche Eintragung genügen läßt, dann nicht auch die zweimonatige Frist laufen lassen, und nicht die sechsmonatige, wie es anscheinend das LG will?

[2]) So sagt § 29 a PStG n. F. richtig: Zur Beurkundung des Anerkenntnisses ist der Standesbeamte nur befugt, falls es nach dem Heimatrecht des ausländischen Elternteils rechtswirksam vor dem deutschen Standesbeamten abgegeben werden kann.

[3]) Wie es mir ebenso ergangen ist.

[4]) §§ 1 I Nr. 2 VI, 4 I FremdRG; vgl. BSG, ROW 1958, S. 125!

[5]) Darum ist der Hinweis Cansacchis (Rec. 1953 II, S. 130) auf Art. 2507 c. c. it. (vom italienischen Typ abweichende ausländische Gesellschaften unterstehen hinsichtlich der Pflicht zur Eintragung von Gesellschaftsbeschlüssen ins Handelsregister sowie der Haftung ihrer Geschäftsführer den Bestimmungen des italienischen

ländische Rechtsinhalte durch die ausdrücklich so weit gefaßte Tatbestandsformulierung einzubeziehen. Rechtstechnisch geschieht das hier dadurch, daß die — der Sache nach vorliegende — Subsumtionsanpassungsfrage in den Tatbestand selbst aufgenommen worden ist. Somit handelt es sich hier um ein einfaches Auslegungsproblem des Tatbestandes, während sonst ja die Subsumtionsanpassung einen Sonderfall des Analogieschlusses darstellt. Diese formelle Verschiebung des Problems ändert aber nichts daran, daß sachlich bei der Subsumtion dieselben Kriterien zu berücksichtigen sind wie sonst. Darum steht diese Gruppe auch ohne weiteres der dritten und häufigsten gleich, daß nämlich das betreffende Gesetz überhaupt nicht ersehen läßt, ob es seinen Geltungsbereich auf inländische Vorfälle beschränken will oder nicht.

Als Regel hat dann zu gelten, daß es a priori „keine territorialen Grenzen für die tatbestandlichen Voraussetzungen der Rechtsnorm“ gibt[1]), d. h. daß grundsätzlich die Subsumtionsanpassung denkbar ist.

§ 41 b) Wann ist nun die Anpassung im Einzelfall zulässig und wann nicht? Die einhellige Meinung[2]) hat die „Äquivalenz“ zum punctum saliens erhoben. Doch was hat man darunter zu verstehen?

Geht man mit Heck[3]) davon aus, daß der Tatbestand in seiner speziellen Ausformung einer bestimmten kausalen Interessenlage entspricht, so liegt es nahe, zu prüfen, ob die betreffende „ausländische“ Interessenlage so ist, daß dieselbe Konfliktsentscheidung des Gesetzgebers, wie er sie in der Rechtsfolgeanordnung niedergelegt hat, eintreten kann. Mit anderen Worten, Gleichwertigkeit würde vorliegen, wenn das betreffende fremdländische Rechtsinstitut denselben Tatbestand aufweist, wie das von der inländischen Norm vorausgesetzte Rechtsinstitut. Das hätte jedoch zur Folge, daß man, weil der Tatbestand des Ehebruchs im italienischen oder spanischen Recht zur Trennung, im deutschen Recht zur Scheidung führt, die Trennung mit der Scheidung gleich zu behandeln hätte. Offenbar kann das nicht richtig sein, denn ohne weiteres wird man etwa im Rahmen des § 1933 BGB die Trennung nach ausländischem Recht nicht der Scheidung nach deutschem Recht gleichzuachten haben.

Somit bietet sich die umgekehrte Lösung an, allein auf die Rechtsfolgengleichheit abzustellen. Doch auch das begegnet Bedenken. Sowohl die Todeserklärung wie eine Abwesenheitserklärung können zum Eintritt des Erbfalles führen[4]), also dieselbe Rechtsfolge auslösen. Das kann jedoch nicht rechtfertigen, eine Abwesenheitserklärung im Rahmen des § 38 II EheG als genügend anzusehen, um eine Ehe aufzulösen. Um ganz sicher zu gehen, müßte man also eine Äquivalenz nur bei Tatbe-

---

Aktienrechts) verfehlt. Gerade die nicht äquivalenten Gesellschaftstypen werden hier betroffen!

[1]) Dölle, Jahrbuch, S. 41.

[2]) Vgl. Vischer, Rechtsvergleichende Tatbestände, S. 28 (zusammenfassend); wie er schon früher: Kahn, Abhandlungen zum IPR I, S. 99; Lewald, Rec. 1939 III, S. 80, 132, 136; Wolff, Private International Law, S. 535.

[3]) Begriffsbildung und Interessenjurisprudenz, S. 56f.

[4]) Vgl. Nipperdey, Allg. Teil I, § 86 Anm. 7!

stands- und Rechtsfolgengleichheit annehmen und auf solche Fälle die Subsumtionsanpassung beschränken.

Dazu hat aber schon Kahn[1]) treffend bemerkt:

„Für das Wesen eines Rechtsinstituts als solchen, insbesondere soweit es für das IPR in Betracht kommt, können nicht solche Verschiedenheiten der technischen Ausgestaltung, sondern muß die Identität der funktionellen Bedeutung ausschlaggebend sein. ... Rechtsverhältnisse verschiedener Länder können homogen, in Kern und Wesen kongruent sein und doch sehr erhebliche technische Differenzen aufweisen.“

Auch Raape[2]) spricht von einem „Prinzip der Kongruenz“, welches er an anderer Stelle[3]) mit der Äquivalenz sowie der Lewald'schen Substitution in Verbindung bringt. Schließlich hat er[4]) völlig zu Recht den Begriff der „similarity“ in diesen Zusammenhang gezogen. „Das ist genau das, was hier unter Anpassung verstanden wird.“ Unter Subsumtionsanpassung, wie ich hinzufügen möchte; denn für die Konklusionsanpassung spielt diese Frage nicht die geringste Rolle!

Vischer[5]) hat diese Auffassung auf der Grundlage der vorangeführten Äußerungen zusammengefaßt und bemerkt dazu folgendes:

„Für die Feststellung der Gleichwertigkeit ist in erster Linie die Übereinstimmung der funktionellen Bedeutung der fraglichen Rechtsinstitute und Rechtsverhältnisse entscheidend. Sie kann nur aus dem Gesamtzusammenhang der betreffenden ausländischen Rechtsordnung, aus der Stellung der in Frage stehenden Rechtssätze im ausländischen Gesamtsystem und in ihrer Bedingtheit durch andere Rechtssätze ermittelt werden.“

Das ist gewiß richtig. M. E. kommt darin aber nicht genügend zum Ausdruck, daß diese Äquivalenz ganz konkret für den Einzelfall ermittelt werden muß. Nicht darauf kommt es an, ob im allgemeinen eine deutsche oder eine dänische Adoption gleichwertig sind, sondern nur darauf, ob sie in diesem zur Beurteilung stehenden Fall in ihren ganz und gar fallbezogenen Auswirkungen gleichwertig sind. Also wohl Äquivalenz, doch nicht abstrakte, sondern konkrete, funktionelle Äquivalenz. Sonst läuft man leicht Gefahr, die besondere Konstellation des Falles über allgemeinen rechtsvergleichenden Erwägungen zu vergessen.

Freilich darf man hierbei nicht kleinlich verfahren. Das zeigt ein vom RG entschiedener Fall[6]):

Im Rahmen des § 209 BGB[7]) wird die Frage von Bedeutung, ob eine vor einem niederländischen Gericht erfolgte Streitverkündung (vrij-

---

[1]) Abhandlungen zum IPR I, S. 99.
[2]) Staudinger, S. 165; Lehrbuch, S. 167.
[3]) Lehrbuch, S. 209.
[4]) Lehrbuch, S. 102.
[5]) Rechtsvergleichende Tatbestände, S. 28.
[6]) RGZ 61, 393.
[7]) Vgl. auch §§ 218, 291f., 347, 987, 2023 BGB und Staudinger-Raape, S. 825!

waring)[1]) die Verjährung einer Forderung unterbrechen kann, welche deutschem Recht unterliegt. Das RG erklärt dazu:

§ 209 BGB „enthält nicht eine Beschränkung auf den Fall der Streitverkündung in einem bei einem deutschen Gericht anhängigen Prozeß, sondern legt die Unterbrechungswirkung überhaupt der Streitverkündung bei, die in dem Prozeß geschehen ist, von dessen Ausgang der Anspruch abhängt, ohne dabei zu unterscheiden[2]), ob dieser Prozeß im Inland oder im Ausland geführt wird. Allerdings ist auch in letzterem Falle erforderlich, daß die betreffende prozessuale Handlung, um als Streitverkündung gelten zu können, die wesentlichen Voraussetzungen[3]) der deutschrechtlichen Streitverkündung in sich trägt. Dies trifft aber bei der . . . des holländischen Rechts zu; denn sie enthält zum mindesten den Grund der Streitverkündung und die Lage des anhängigen Rechtsstreits und erfolgt durch Zustellung an denjenigen, dem der Streit verkündet wird."

Im Ergebnis halte ich die Entscheidung für zutreffend. Die Begründung gibt jedoch zu Bedenken Anlaß.

Warum gerade die rein äußerlichen Merkmale, daß die „vrijwaring" den Grund und die Lage des Rechtsstreits enthalten muß und zugestellt wird, diese prozessuale Handlung zur Streitverkündung stempeln soll, leuchtet mir nicht recht ein. Eine genaue Analyse hätte gezeigt, daß eine Subsumtionsanpassung zwar nicht unter § 209 II Ziff. 4 BGB, wohl aber unter § 209 I BGB möglich gewesen wäre. Beide Rechtsordnungen[4]) stimmen darin überein, daß eine Streitverkündung erst nach Rechtshängigkeit des Hauptanspruchs möglich ist. Nach der ZPO ist eine Streitverkündung ohne Genehmigung des Gerichts bis zur rechtskräftigen Entscheidung des Rechtsstreits möglich. Nach holländischem Recht ist diese Möglichkeit eingeengt:

Der Beklagte kann den Dritten sofort bei Beginn des Prozesses zum ersten Termin laden, ohne daß er hierzu einer besonderen Genehmigung bedürfte. In einem späteren Stadium des Verfahrens ist dagegen ein Antrag auf Zulassung der Streitverkündung nötig. Dieser Antrag muß spätestens vor dem Vortrag der Klageerwiderung gestellt sein. Der Kläger muß immer einen Antrag einreichen, und zwar in dem Termin, in welchem er seine Stellungnahme auf die Klageerwiderung des Beklagten abgibt. Diese Anträge führen zu einem Zwischenverfahren, in welchem über die Zulässigkeit der Streitverkündung entschieden wird.

Alle diese Abweichungen würde ich nicht als geeignet ansehen, die Gleichwertigkeit der niederländischen Streitverkündung mit der deutschen zu beeinträchtigen.

---

[1]) Art. 68—74 Wetboek van Burgerlijke Regtsvordering.

[2]) Hier wird freilich dem Wortlaut zuviel Gewicht beigemessen! An Fälle mit Auslandsberührung denkt der Gesetzgeber beim Schaffen des materiellen Rechts durchweg nicht.

[3]) Es ist nicht klar ersichtlich, ob damit die tatbestandlichen Voraussetzungen gemeint sein sollten. Das wäre jedenfalls unzutreffend.

[4]) Vgl. §§ 72—74 ZPO und Art. 68—74 Wetboek van Burgerlijke Regtsvordering: Bülow-Arnold, Niederlande, E 961, 10—11.

Aber wie steht es mit den Wirkungen? Nach deutschem Recht[1]) tritt durch die Streitverkündung lediglich eine gewisse rechtskraftähnliche Bindungswirkung bezüglich bestimmter Tatsachenfeststellungen ein, ohne daß über den die Streitverkündung veranlassenden Regreßanspruch entschieden oder der Dritte Partei würde. Ist demgegenüber im niederländischen Recht die Streitverkündung zulässig, so wird über den Anspruch auf Gewährleistung oder Schadloshaltung zusammen mit der Hauptsache entschieden. Der Dritte erhält in dem Verfahren eine Parteistellung eingeräumt. Es gibt also keine Interventionswirkung, weil über den Gewährleistungsanspruch rechtskräftig entschieden wird.

Kann man nun nach diesem rechtsvergleichenden Überblick sagen, die holländische „vrijwaring" habe ungleich stärkere Wirkungen als die deutsche Streitverkündung und müsse daher geeignet sein, die Verjährung zu unterbrechen? Das wird man bejahen dürfen, m. E. aber nicht deswegen, weil diese „vrijwaring" der Streitverkündung gleichwertig ist, sondern weil sie einer deutschen Klageerhebung bzw. dem folgenden Urteil gleichsteht. Die zulässige Streitverkündung bedeutet im niederländischen Recht den Regreßprozeß! Darum ist die holländische Streitverkündung nicht dem § 209 II Ziff. 4, sondern dem § 209 I BGB anzupassen.

Mit dieser Ansicht gerät man allerdings in eine neue Schwierigkeit:

Das RG[2]) hat sich später auf den Standpunkt gestellt, eine Klage vor einem ausländischen Gericht unterbreche die Verjährung nur dann, wenn die erlassene bzw. zu erwartende Entscheidung gem. § 328 ZPO anerkannt werde:

„Kann aber selbst das ausländische Urteil auf das deutsche Rechtsverhältnis keine materielle Wirkung ausüben, so muß eine solche auch seiner Vorbereitung, der Klageerhebung, versagt werden." Da im Verhältnis zu den Niederlanden die Gegenseitigkeit im Sinne des § 328 I Ziff. 5 ZPO nicht verbürgt ist[3]), wäre eine Anerkennung der Streitverkündung bzw. des auf sie folgenden Urteils ausgeschlossen; die Verjährung wäre nicht unterbrochen worden.

Aber ist die Deduktion des RG richtig? Mir scheint sie ziemlich anfechtbar zu sein: weil das „Mehr" nicht sein kann, muß darum schon das „Weniger" ausgeschlossen sein? Gewiß nicht. Und daß das Urteil keine materiellrechtlichen Wirkungen ausüben kann, soll doch gerade erst festgestellt werden. Hier liegt wohl ein ziemlich „inversionistischer" Zug der Urteilsbegründung. Die Tatsache, daß das Urteil prozessual nicht anerkannt wird, kann im materiellen Bereich nicht einfach übernommen werden. Insoweit stimme ich durchaus mit Süß[4]) überein:

---

[1]) Vgl. Rosenberg, Lehrbuch, § 46 IV 1 e β und γ!

[2]) RGZ 129, 389. Im Schweizer Recht besteht dieselbe Kontroverse: Kallmann, Schweizer JZ 1954, S. 89—96.

[3]) Bülow-Arnold, E 961, 36—37.

[4]) Festgabe Rosenberg, S. 259.

„Es handelt sich hier um ein Tatbestandsstück, welches logischer- und konsequenterweise ebenso zu bewerten ist, wie jedes andere Tatbestandsstück auch, d. h. es unterliegt den üblichen Kollisionsregeln, die für einen solchen Tatbestand in Frage kommen. Ein ausländisches Urteil ist daher in solchen Fällen nicht nach § 328 ZPO anzuerkennen, sondern seine Bewertung als Tatbestand erfolgt nach den Regeln der lex causae, nach dem Recht der Hauptsache“[1]).

Die Erwägungen, die zum Erlaß der Ziffern 1—4 des § 328 ZPO geführt haben, mögen zwar vielleicht im Rahmen dieser „Bewertung“ berücksichtigt werden, mit einer Anerkennung hat das aber nichts zu tun.

Wenn ausländische Gerichte nach deutschen Zuständigkeitsregeln unzuständig sind, so hätte aus dieser Sicht ein abweisendes Prozeßurteil erlassen werden sollen, so daß die Verjährung gem. § 212 BGB nicht unterbrochen worden wäre. Hat das ausländische Gericht aber, weil es nach seiner Prozeßordnung zuständig war, ein Sachurteil erlassen, so muß man dies m. E. dann für § 209 I BGB genügen lassen, wenn sich der Beklagte auf den Prozeß eingelassen hat. Insofern wird regelmäßig auch eine Prorogation anzunehmen sein.

Was die Ziffern 2 und 4 anbelangt, so würde ich ein Urteil, das gegen ihre Intention verstößt, nicht als „prädestiniert“ ansehen, die Verjährung zu unterbrechen. Ziffer 3 trifft ohnehin nicht zu.

Es bleibt Ziffer 5: Hier ist wirklich nicht einzusehen, daß ein Urteil, oder eben die Streitverkündung vor einem ausländischen Gericht, welches in einem nicht zu beanstandenden Verfahren gefunden wurde, deshalb keine verjährungsunterbrechende Wirkung haben soll, weil politische Kalküle keine gegenseitige Anerkennung der betreffenden Urteile garantieren. Das ist eine Erwägung aus öffentlichen Interessen heraus, die einem verkappten Retorsionsrecht (Art. 31 EGBGB) gleichkommt. Für den privatrechtlichen Bereich[2]) kann sie keine Bedeutung beanspruchen.

Somit gelange ich zu folgendem Ergebnis: Ob die Klageerhebung, die Streitverkündung oder ein Beweissicherungsverfahren[3]) vor einem ausländischen Gericht die Verjährung gem. § 209 BGB unterbrechen können, ist eine Frage der Subsumtionsanpassung. Sie ist zu bejahen, wenn die betreffende Klageerhebung usw. im Kern der deutschen Rechtseinrichtung wesensgleich, äquivalent ist. Bei der Ermittlung dieser Äquivalenz können die Gesichtspunkte der Ziffern 2 und 4, vielleicht auch der Ziffer 1 des § 328 ZPO, keinesfalls aber der Ziffer 5 berücksichtigt werden. Um eine „Anerkennung“ handelt es sich hierbei nicht.

---

[1]) Nach diesen Sätzen ist es mir unverständlich, daß Süß S. 261 Anm. 60 doch auf § 328 ZPO zurückgreift.

[2]) Treffend Katinszky, ZAIP 9, S. 855—866; Karl Neumeyer, JW 1926, S. 374. Dagegen wie die herrschende Meinung: Riezler, Internationales Zivilprozeßrecht, S. 461 ff.

[3]) Vgl. RG, SA 83, Nr. 104 und § 477 II BGB!

§ 42 c) Das erörterte Beispiel hat gezeigt, daß das typische Subsumtionsanpassungsverfahren in der Einarbeitung (Nußbaum) eines nach fremdem Recht verwirklichten Lebensvorganges in den tatbestandlichen Bereich einer deutschen Norm besteht. Bei einer solchen Einarbeitung lassen sich drei Untertypen feststellen, welche ich „kongruente" Einarbeitung, „überbrückende" Einarbeitung und „zergliedernde" Einarbeitung nennen möchte.

Bei der kongruenten Einarbeitung hat sich das betreffende Lebensverhältnis genau und vollständig gemäß den Vorschriften des fremden Rechts verwirklicht. Die Beurkundung[1]) eines ausländischem Wirkungsstatut unterliegenden Rechtsverhältnisses ist z. B. nach den Regeln des FGG vor einem deutschen Vormundschaftsgericht geschehen. Das vom französischen Recht geforderte Vaterschaftsanerkenntnis ist etwa in einem deutschen Statusurteil enthalten[2]). Umgekehrt: Die Abgabe eidesstattlicher Versicherungen vor dem „notary public" in den USA oder einem französischen Notar genügt den Anforderungen des § 2356 II BGB[3]). Oder: Zwei einer Reisegesellschaft angehörende deutsche Staatsangehörige schädigen sich im Ausland unter Verstoß gegen dort geltende Schutzgesetze; § 823 BGB gilt — die übertretenen Schutzgesetze sind in den Tatbestand des § 823 II BGB einzuarbeiten[4]). Oder: In einen gegenständlich beschränkten Erbschein (§ 2369 BGB) soll das „Nießbrauchsrecht" der erbenden Ehefrau aufgenommen werden. Ob das möglich ist, ist ausschließlich eine Frage nach der Gleichwertigkeit dieses Rechts mit den regelmäßig in einem deutschen Erbschein angeführten Erbrechten. Dabei sind verschiedene Gesichtspunkte zu berücksichtigen:

Entsteht dieses „Nießbrauchsrecht" der Witwe automatisch mit dem Erbfall? Nach der französischen Rechtsprechung[5]) muß der Nießbrauch an den einzelnen Gegenständen bestellt werden. Im rumänischen Recht (Art. 684 des Codul civil) scheint es anders zu sein:

> „Wenn der Mann stirbt und seine Witwe kein Vermögen besitzt, erhält sie, falls er Abkömmlinge hinterläßt, einen Kindesteil seiner Erbschaft zum Nießbrauch.
>
> Ihr Recht beginnt mit dem Zeitpunkt, wo die gesetzliche Nutznießung (gemeint: des Güterstandes) erlischt."

Bei einer solchen automatischen Entstehung des Nießbrauchs bestehen sicher keine Bedenken, diesen im Erbschein zu vermerken, wie

---

[1]) Vgl. Staudinger-Raape, S. 165; Lehrbuch, § 26 A II = S. 208f.; Soergel, Art. 11 IV 5 = S. 116!

[2]) Schwoerer, ZAIP 16, S. 64—68; OLG Nürnberg, IPRspr 1950/51 Nr. 89; OLG Hamm, IPRspr 1945/49, Nr. 26b!

[3]) LG Mainz, NJW-RzW 1958, S. 334; Bosch, FamRZ 1959, S. 379 unter III. Die amtlichen Notare der USA sind Behörden i. S. des § 256 StPO (Schwarz, § 256 StPO, Anm. 1 A).

[4]) Soergel, Art. 12 I 2 = S. 120.

[5]) Mezger, JZ 1956, S. 307. Siehe auch Ferid-Firsching, Frankreich, Grundzüge 45 Anm. 6!

das auch im Höferecht hinsichtlich der Verwaltung und Nutznießung des überlebenden Ehegatten (§ 14 HöfeO) geschieht[1]).

Ein anderer Anhaltspunkt für die Äquivalenz ist etwa die Regelung der Haftung des Nießbrauchers für die Nachlaßverbindlichkeiten. Im kongreßpolnischen Recht haftet der überlebende Nießbrauchsberechtigte für die Nachlaßschulden wie jeder andere Erbe. Der Ehegatte kann dieser Haftung zwar durch Ausschlagung entgehen. Auch kann er sie bei Erbantritt mit Hilfe der Inventarerrichtung beschränken. Das spricht aber dafür, einen solchen Nießbrauchsberechtigten als „Erben" im Sinne des deutschen Erbscheinrechtes zu behandeln, wie das auch die polnische Praxis tut[2]).

§ 43 d) Im Falle der überbrückenden Einarbeitung hat sich ein Lebensvorgang nur zum Teil in Übereinstimmung mit einer fremden Rechtsordnung verwirklicht. Zum anderen Teil ist er gerade wegen dieses Zusammenspiels mehrerer, nicht aufeinander abgestimmter Rechtssysteme nicht normgemäß verwirklicht worden. Es fehlt also schon nach ausländischem Recht ein Tatbestandsstück, weshalb eine kongruente Einarbeitung nicht möglich ist. Es bleibt aber zu prüfen, ob die Anpassung dieses fehlende Tatbestandsstück nicht überbrücken kann.

Wiederum liefert die Rechtsprechung des RG Beispiele, wenngleich dort die besondere Problematik nicht herausgestellt worden ist:

In RGZ 147, 386f. hat das OLG Hamburg ausgeführt:

„Die Beweisaufnahme des Vorprozesses habe ergeben, daß der Kläger die Beklagte mißhandelt und grob beleidigt habe. Sie sei daher nach Art. 288 des niederländischen BGB berechtigt, Trennung von Tisch und Bett zu verlangen, könne aber dieses Verlangen weder in Deutschland zur Durchführung bringen, weil das deutsche Recht eine solche Rechtseinrichtung nicht kenne, noch in den Niederlanden, da eine Zuständigkeit des niederländischen Gerichts nicht gegeben sei. In einem derartigen Falle müsse die Berechtigung, Trennung von Tisch und Bett zu verlangen, dem tatsächlich erfolgten Ausspruch der Trennung gleichgestellt werden. Eine andere Beurteilung würde zu einem Ergebnis führen, das mit dem sowohl vom deutschen als auch vom niederländischen Recht Gewollten in Widerspruch stehen würde."

Genauso lag der Fall RGZ 150, 283, 285:

Ein Italiener klagte gegen seine in Deutschland ansässige italienische Frau auf Herstellung der ehelichen Gemeinschaft (Art. 14 EGBGB). Die Frau berief sich darauf, daß ihr der Mann Anlaß zur Trennung gegeben habe. Demgegenüber machte der Mann geltend, daß sein Heimatrecht der Frau nur dann das Getrenntleben gestatte, wenn sie zuvor ein Trennungsurteil erwirkt habe. Das RG führt dazu aus:

---

[1]) OLG Celle, MDR 1949, S. 165; vgl. auch Mezger, JZ 1956, S. 307 Anm. 30; Gottheiner, ZAIP 21, S. 67ff.; Raape, Lehrbuch, S. 419/20 sowie Soergel, Vorbem. Art. 24—26 IV 1 d = S. 255!

[2]) Vgl. Meyer, Das Erbrecht des überlebenden Ehegatten in Kongreßpolen, Zeitschrift für Ostrecht 1933, S. 234.

„In Deutschland kann sie (die Frau) aus rechtlichen Gründen kein Trennungsurteil erwirken, während ihr die erfolgreiche Anrufung eines Heimatgerichts aus tatsächlichen Gründen unmöglich ist, da sie zu diesem Zweck persönlich vor dem Gericht erscheinen müßte. . . . Die strenge Durchführung des italienischen Rechts würde mithin zu einem Ergebnis führen, das weder vom deutschen noch auch vom italienischen Gesetzgeber gewollt ist."

Und schließlich noch eine Situation aus RGZ 147, 388f.:

Nach § 1567 II Nr. 1 BGB a. F. war Voraussetzung für eine Scheidung wegen böslicher Verlassung, daß der verlassene Ehegatte zuvor den anderen hatte erfolglos zur Herstellung der häuslichen Gemeinschaft verurteilen lassen. Hier konnte der Kläger keine Eheherstellungsklage erheben, weil das insoweit maßgebliche niederländische Recht (Art. 14 EGBGB) eine solche nicht kennt. Das RG nahm zwar m. E. zu Recht die Anpassung nicht in der Weise vor, daß es nun doch eine Herstellungsklage zuließ, aber wäre nicht wie in den anderen Fällen zu entscheiden gewesen, daß das bloße Vorliegen eines Tatbestandes, der sonst zu einer derartigen Klage berechtigt, genügen muß?

Die Struktur dieser Fälle ist klar:

Was rechtlich gefordert wird, kann eine Person aus tatsächlichen oder rechtlichen Gründen nicht verwirklichen; was tatsächlich möglich ist, scheitert an den rechtlichen Bestimmungen. In allen drei Fällen gilt es, ein fehlendes Urteil zu ergänzen, zu überbrücken. Ist das möglich? M. E. sollte man hier aus „menschlichen Rücksichten" das rechtliche Sollen dem tatsächlichen Können anpassen. Dafür lassen sich gute Gründe anführen:

Wenn in derartigen Fällen ein gerichtliches Erkenntnis gefordert wird, so soll damit sichergestellt werden, daß nicht jedes launische Zerwürfnis die Berechtigung zu einer Trennung abgeben kann. Eine unbeteiligte, objektive Instanz behält sich die Prüfung dieser Berechtigung zum Getrenntleben usw. vor. Und weil das Ergebnis einer solchen gerichtlichen Prüfung nun einmal — rein verfahrensrechtlich gesehen — nur ein Urteil sein kann, so wird diese Feststellung in einem Urteil vorgenommen. Wenn jetzt das deutsche Gericht, obwohl bislang kein entsprechendes Urteil vorliegt, gleichwohl die Herstellungsklage des Italieners abweist, oder etwa die Scheidung gem. § 1567 II BGB vornimmt, so ist dem eben beschriebenen Sinn des Erfordernisses nach einem vorherigen Trennungsurteil gleichwohl genügt.

Das Gericht prüft im Rahmen des jetzt anhängigen Prozesses die Berechtigung des Trennungsgrundes nach. Und das bislang fehlende Urteil, diese Lücke in dem anzupassenden Sachverhalt, wird durch das eigene Erkenntnis des Gerichts ersetzt, überbrückt. Daß die Berechtigung der Trennung dabei nicht Streitgegenstand ist und demgemäß auch nicht im Tenor des Urteils erscheint, ist nicht ausschlaggebend. Ob diese „Vorfrage" Gegenstand des Urteils ist, ist ohnehin eine mehr oder minder große Zufälligkeit; ob ein Gericht Vorfragen inzidenter erwägt oder sie als Zwischenfeststellungsantrag (§ 280 ZPO) prüft, macht keinen Unterschied darin, daß die Berechtigung des Parteivorbringens überhaupt gerichtlich geprüft worden ist.

§ 44 e) Mußte die überbrückende Einarbeitung ein Tatbestandsmerkmal bei der Anpassung ersetzen, so kann sich die zergliedernde Einarbeitung damit begnügen, lediglich eins oder einzelne, jedenfalls nicht alle Elemente eines Lebensvorgangs bei der Anpassung zu berücksichtigen. Der Regelfall wird sein, daß der vorhandene — verwirklichte Sachverhalt nicht ausreicht, den Tatbestand einer Norm x zu füllen, aber mehr als ausreicht, unter den weniger anforderungsstarken Tatbestand einer anderen Norm y subsumiert zu werden. Verbietet etwa das Heimatrecht des unehelichen Vaters die Anerkennung eines im Ehebruch gezeugten Kindes (Art. 21 EGBGB mit Art. 252 c. c. it.[1])), so ist eine desungeachtet abgegebene Anerkennungserklärung rechtlich unwirksam. Das hindert jedoch nicht, das Verhalten dieses Mannes in eine rechtsunwirksame Willenserklärung und eine für sich zu würdigende Wissensäußerung zu zerlegen und die letztere als geeignet anzusehen, eine Beischreibung gem. § 29 PStG zu rechtfertigen.

II. Die Konklusionsanpassung

§ 45 Die Problematik der Konklusionsanpassung wird dadurch verursacht, daß ein komplexer Lebenssachverhalt in seiner rechtlichen Anknüpfung „gespalten" und verschiedenen, nicht aufeinander abgestimmten Rechtsordnungsfragmenten unterworfen wird[2]). Ihre Aufgabe besteht folglich darin, die nach der Subsumtion zunächst gleichrangigen verschiedenen nicht harmonierenden Rechtsfolgen aufeinander abzustimmen. Dabei können die nicht zu vereinbarenden Rechtsfolgen in zweifachem Widerspruch auftreten:

Einmal sind die zunächst — dem Wortlaut nach — angeordneten Rechtsfolgen logisch unvereinbar; die elterliche Gewalt über ein uneheliches Kind kann nicht gleichzeitig ausschließlich der Mutter und ausschließlich dem Vater zustehen. Solche Fälle bezeichnet Engisch[3]) als „Normwidersprüche", Kegel[4]) plastischer als „Seinswidersprüche".

Sodann können die angeordneten Rechtswirkungen zwar logisch vereinbar, gleichwohl teleologisch unerträglich sein. Eine Witwe erhält etwa $^3/_4$ des Nachlasses ihres verstorbenen Mannes, obwohl ihr das Erbstatut nur $^1/_4$ und das Güterrechtsstatut nur ½ des Nachlasses zusprechen. Engisch[5]) spricht hier von „Wertungswidersprüchen" bzw. teleologischen

---

[1]) OLG Frankfurt, StAZ 1953, S. 253f.
[2]) Cansacchi, Scelta, S. 219ff.
[3]) Einführung, S. 158.
[4]) Lehrbuch, S. 96.
[5]) Einführung, S. 160f.

Widersprüchen, Kegel[1]) von „Sollenswidersprüchen". Daß solche Sollenswidersprüche ein- und mehrseitig auftreten können, wurde bereits mehrfach erwähnt. Seinswidersprüche sind immer allseitig. Bei den Sollenswidersprüchen kann man drei große Falltypen unterscheiden, die ich schlagwortartig als sogenannte „Überkreuzfälle", „latente Gleichgewichtsstörungen" und „Bruchstellen" bezeichnen möchte.

§ 46 2. Die sog. Überkreuzfälle. Allgemein gesprochen besteht ihre Struktur darin, daß der Gesetzgeber A eine bestimmte Berechtigung nicht in der Rechtsmaterie a, sondern in der anderen Rechtsmaterie b regelt, während der Gesetzgeber B dieselbe Berechtigung im Rechtsgebiet a und nicht in b behandelt; und die Rechtsmaterien a und b je von verschiedenen internationalprivatrechtlichen Statuten erfaßt werden. So mag beispielsweise der eine Gesetzgeber die Prozeßkostenvorschußpflicht und die eheliche Unterhaltspflicht im Ehepersonenrecht, der andere sie im Ehegüterrecht regeln; der eine die Beteiligung der Frau am geeinten Ehevermögen dem Erbrecht, der andere dem Güterrecht zuordnen; der eine einen bestimmten Irrtum des Mannes über Eigenschaften seiner Frau zum Anfechtungsgrunde, der andere zum Scheidungsgrunde erklären. Solange beide Rechtsgebiete von demselben Rechtssystem geregelt werden, ergeben sich keine Schwierigkeiten. Anders, wenn die in Frage kommenden Rechtsmaterien je von verschiedenen staatlichen Rechtsordnungen ausschnittweise erfaßt werden (vgl. Art. 14/15; 15/24f.; 13/17 EGBGB!).

Diese Aufspaltung kann für den Berechtigten je nach dem zufälligen Zusammenspiel der Rechtsordnungsfragmente einen „Anspruchsgewinn"[2]) oder einen „Anspruchsschwund"[3]) bedeuten.

§ 47 a) Der Anspruchsgewinn kann — rein formal betrachtet — zu einer Verdoppelung der Anspruchsgrundlage führen. Die Ehefrau kann beispielsweise ihren Unterhalts- oder Prozeßkostenvorschußanspruch zugleich auf Ehepersonenrecht des Staates A und auf Ehegüterrecht des Staates B stützen. Dies ist solange nicht von Bedeutung, wie beide Regelungen sich decken.

Schwierigkeiten ergeben sich freilich, wenn das eine Recht mehr gewährt als das andere oder auch die rechtliche Regelung in Nebenpunkten abweicht. Die Rechtsordnung A kann den Prozeßkostenvorschuß unbedingt statuieren, die Rechtsordnung B dagegen nur, soweit dies der Billigkeit entspricht (vgl. § 1360 a IV 1 BGB n. F.!). A kann sie mit einem Konkursvorrecht versehen, B dagegen nicht. Wie ist hier zu verfahren?

M. E. ebenso wie in den rein innerstaatlichen Fällen der Anspruchskonkurrenz[4]):

---

[1]) Lehrbuch, S. 96.

[2]) Diese Ausdrücke entnehme ich den „Einseitigen Kollisionsnormen" Wiethölters (S. 52).

[3]) Wie Fußnote 2.

[4]) Vgl. Schmidt, Gesetzeskonkurrenz, S. 71ff.; Nipperdey, Allg. Teil I § 60 I 1!

Der Berechtigte kann sich auf jedes[1]) Recht stützen und das fordern, was ihm Staat A oder auch Staat B zubilligt. Geht der Unterhaltsanspruch aus güterrechtlichem Grunde weiter als der aus ehepersonenrechtlichem, so kann er die Summe des ersteren verlangen, sofern die tatsächlichen Voraussetzungen dafür vorliegen. Gibt der ehepersonenrechtliche Unterhaltsanspruch im Konkurse des Verpflichteten ein Vorzugsrecht, so steht nichts im Wege, daß der berechtigte Ehegatte dieses geltend macht. Freilich nur für den Betrag, den auch dieses Statut gewährt. Dagegen ist es nicht möglich, daß der Berechtigte die höhere Summe des einen Statuts und das Konkursvorrecht des anderen Statuts für eben diese Summe gekoppelt geltend macht. Das ist ebenso ausgeschlossen, wie eine bloße zahlenmäßige Addition der beiden Ansprüche insgesamt. Denn der Berechtigte kann sich auf jedes Statut für sich stützen, weil er nicht schlechter stehen darf, als wenn ihm nur eine Rechtsordnung zur Seite stünde; andererseits darf er aber auch nicht besser stehen, wie dies bei einer Alleinanwendung der jeweils günstigsten Teilregelungen der beiden Statuten der Fall wäre.

Stehen dem getäuschten Ehegatten sowohl ein Anfechtungsgrund wie ein Scheidungsgrund zu, so gilt m. E. § 18 der 1. DVO zum EheG[2]). An sich regelt er nur den Fall, daß auf Grund verschiedener Vorfälle gleichzeitig auf Aufhebung und Scheidung geklagt wird. Die ratio legis muß aber auch den Fall treffen, daß derselbe Lebenssachverhalt auf Grund eines Zusammenspiels mehrerer Teilrechtsordnungen zugleich Anfechtungs- und Scheidungsgrund ist.

Schwieriger erscheinen die Überkreuzfälle, welche zu einem quantitativen Anspruchsgewinn führen; also keine Verdoppelung der Anspruchsgrundlage, sondern der Anspruchsquote. Das bekannteste Beispiel dafür bildet der viel diskutierte „Schwedenfall"[3]). Eines ist klar:

Genauso wenig wie der Berechtigte in den Fällen der bloßen Anspruchsverdoppelung beide Ansprüche „zusammenzählen" kann, ist ihm das hier gestattet. Fraglich ist nur, wie man dieses Ziel erreicht.

Mir scheint es am richtigsten, dem Berechtigten die Wahl zu überlassen, auf welche Rechtsordnung er sich stützen will. Hält die schwedische Witwe es für richtig, ein Halb des hinterlassenen Vermögens aus güterrechtlichem Grunde zu erwerben, so mag sie das tun. Glaubt sie sich mit der deutschen Erbrechtsregelung besser versorgt, so soll sie sich darauf berufen. Jedenfalls kann sie nur „alternativ" wählen.

Dieses Wahlrecht zwischen den beiden Rechtsordnungen steht m. E. auch nicht zu der für die Abwicklung des Erbfalles erforderlichen Sicherheit und Offenkundigkeit in Widerspruch: Auch § 1371 III BGB n. F.

---

[1]) A. A. Steindorff, Sachnormen, S. 85ff.

[2]) Vgl. dazu Soergel, Art. 13 IV = S. 141; Raape, Lehrbuch, § 30 A III 9 = S. 283! Eines „materiellen Satzes im IPR" bedarf es hier nicht.

[3]) Vgl. abschließend Kegel (Lehrbuch, S. 99), der den gesamten Todesfall nur nach Erbrecht abwickeln will!

gewährt in diesem Zusammenhang ein Wahlrecht. Dieses Wahlrecht hat aber den Vorzug, daß es dem Berechtigten nichts nimmt, was ihm bei der bloßen Anwendung einer Rechtsordnung zustände[1]), andererseits ihm auch nicht mehr gibt, als ihm nach der Intention beider Rechtssysteme — je für sich genommen — zukommen soll.

§ 48 b) Das Gegenstück zu den begünstigenden Überkreuzfällen des Anspruchsgewinns bilden die benachteiligenden Überkreuzfälle des Anspruchsschwundes. Der Wegfall einer Anspruchsgrundlage ist denkbar, jedoch nur insoweit interessant, als dadurch auch der Umfang des Gesamtanspruchs verkürzt wird. In dieser Beziehung deckt sich dann die Verminderung der Anspruchsgrundlage mit dem quantitativen Anspruchsschwund, der im Regelfall sogar bis zum Anspruchsverlust führt.

Die Ehefrau erhält weder Unterhalt noch einen Prozeßkostenvorschuß[2]), ist beim Tode ihres Mannes weder güter- noch erbrechtlich am geeinten Ehevermögen beteiligt[3]), kann von ihrer Ehe nicht los[4]), obgleich sie sich über Eigenschaften ihres Mannes in wesentlicher Hinsicht geirrt hat. Die Gründe für eine derartige „Tragödie“ hat Raape[5]) mit der ihm eigenen Anschaulichkeit beschrieben:

> Der Absatz IV (des Art. 17 EGBGB) kann da besonders hart wirken, wo das deutsche Recht zwar keine Scheidung zuläßt, dafür aber einen anderen Rechtsbehelf gewährt, z. B. den der Anfechtung, der im gegebenen Falle wieder dem Heimatrecht der Eheleute fehlt. Wenn z. B. eine Belgierin gegen ihren Mann hier auf Scheidung klagt, weil er ihr eine früher erlittene entehrende Strafe verschwieg, so ist zu sagen: Die Ehe ist nach belgischem Recht scheidbar, da in dem Schweigen ein fait concomitant liegt, aber nicht anfechtbar, da nur ein Irrtum über eine Eigenschaft, nicht über die Identität des Mannes vorliegt.
>
> Umgekehrt, sie ist nach deutschem Recht nicht scheidbar, wohl aber anfechtbar. Der Frau bleibt nichts übrig, als in der Heimat auf Scheidung zu klagen — wegen des Absatzes IV.
>
> Ein anderes Beispiel bietet das russische Recht. Wenn ein Russe gegen seine Frau hier auf Scheidung klagt, da diese schon bei der Eingehung der Ehe schwer lungenleidend war, so ist zu sagen:
>
> Die Ehe ist nach russischem Recht scheidbar, da es nach diesem keines Grundes zur Scheidung bedarf, aber nicht anfechtbar, da das russische Recht keine Anfechtung der Ehe kennt. Die Ehe ist nach

---

[1]) Dieses Bedenken habe ich gegen Kegels Lösung, allein das Erbstatut entscheidend sein zu lassen. Die Witwe hätte nämlich nach schwedischem Güterrecht ein Halb bekommen, während sie nach (altem) deutschen Erbrecht mit $^1/_4$ zufrieden sein muß. Warum eigentlich?

[2]) Raape, Lehrbuch, § 31 B V 1 = S. 319.

[3]) Kegel, Lehrbuch, S. 99 und Raape, Lehrbuch, § 31 B V 3 = S. 320.

[4]) Soergel, Art. 13 I 2 = S. 130; Staudinger-Raape, S. 390; Raape, Lehrbuch, § 30 A I 5 a. E. = S. 274.

[5]) Staudinger, S. 390. Die Lösung hat er im Lehrbuch korrigiert; allerdings bleiben immer noch Härtefälle, wie Kegel (s. vorige Anm.) aufzeigt.

deutschem Recht nicht scheidbar, da Krankheit kein Scheidungsgrund ist, wohl aber anfechtbar wegen Irrtums über den Gesundheitszustand der Frau.

Das russische Scheidungsrecht ist nicht anwendbar wegen der Vorbehaltsklausel des Abs. IV, das deutsche Anfechtungsrecht ist nicht anwendbar nach dem Prinzip das Art. 13. Auch in diesem Falle bleibt also dem Scheidungsbewerber nichts übrig, als eine Scheidung in der Heimat zu erwirken.

Auch dagegen erheben sich freilich Bedenken . . .“

Das Besondere dieser Konstellation liegt darin, daß die konkrete Spaltung des Falles in den jeweils zugehörigen Rechtsordnungen keine entsprechend abgestimmte abstrakte Regelung vorfindet. Dabei kommt es gar nicht auf die inhaltliche Gleichheit der Vorschriften in den betreffenden Teilrechtsordnungen an. Wesentlich ist allein, daß die einschlägigen Sachgebiete in den einzelnen Rechten verschiedenen Umfang haben; eine Erscheinung, die bildlich gesehen zu den bekannten Normenlücken und -häufungen führt.

Wenn etwa das Verkäuferrecht sagt, der Käufer trage die Gefahr, während sie das Käuferrecht dem Verkäufer aufbürdet, so entsprechen dem sachlichen Umfang nach die Regelungen im Verkäufer- und Käuferrecht einander. Sie regeln dieses, dem Umfang nach gleich groß abgesteckte Rechtsgebiet jedoch abweichend voneinander. Hier ist es aber so:

Mannesrecht und Frauenrecht entsprechen sich nicht in dem Umfange, welchen sie je dem Anfechtungsrecht bzw. dem Scheidungsrecht einräumen. Gleichwohl haben sie aber, wenigstens im Ergebnis, dieselbe Lösung treffen wollen. Das deutsche Recht hat etwa dem Scheidungs- und Aufhebungsrecht je gleich große Bezirke überantwortet; das alte russische Recht hat das Aufhebungsrecht völlig zusammenschrumpfen lassen und die Lücke dem Scheidungsrecht überlassen. Beide Rechte wollen trotzdem, daß der erwähnte Irrtum zu einer Lösung der Ehe führt. Da die konkrete Spaltung des Lebensvorganges aber in den Rechtsordnungen kein entsprechendes Spiegelbild findet, würde diese Intention ins Leere zielen.

Wie kann geholfen werden?

Zitelmann[1]) glaubt, daß in solchen Fällen, wo „jedes der beiden maßgebenden Statuten die Rechtswirkung versagt, die es im konkreten Fall anzuordnen die Macht haben würde, weil es eine andere Rechtswirkung bejaht, die aber im konkreten Fall nicht es selbst, sondern nur das andere Statut eintreten zu lassen die Macht hat“, „die eine der beiden beteiligten Rechtsordnungen für sich bereits die Mittel darbieten wird“, der harten Folgerung zu entgehen.

Das möchte ich allerdings bezweifeln; wie soll „die eine“ Rechtsordnung ein Mittel zur Anpassung bieten, wenn sie doch gar nicht anwendbar ist?

---

[1]) IPR I, S. 146.

Beide Statuten kommen doch in dem fraglichen Bereich überhaupt nicht zum Zuge. Richtig scheint mir aber Zitelmanns Bemerkung, daß der Fall so zu behandeln ist, als wenn er sich nur auf dem Boden einer Rechtsordnung abgespielt hätte und hier die Lücken und Widersprüche aufträten. Doch auf dem Boden welcher der beiden ?

Raape[1]) will die Scheidung zulassen (Art. 17 I EGBGB), auch wenn das deutsche Recht nur einen Aufhebungsgrund kennt, also Art. 17 IV EGBGB entsprechend erweitern. Gegen diese Lösung hat Kegel[2]) eingewendet, sie versage, wenn die Eheleute von Anfang an verschiedene Staatsangehörigkeiten besessen oder nach der Heirat erworben hätten. Er selbst will eine in Deutschland lebende Frau, die als Französin oder Sowjetrussin einen Schweizer geheiratet hat, in Deutschland auf Grund von Art. 13 I EGBGB wegen Eigenschaftstäuschung scheiden, obgleich weder nach schweizerischem (Art. 17 I EGBGB) noch nach deutschem (Art. 17 IV EGBGB) Recht ein Scheidungsgrund vorhanden ist.

Das halte ich wiederum für unangemessen, wenn man sich die materiellrechtlichen Folgen dieser Ansicht überlegt: Z. B. Ende der Vermögensverwaltung des Mannes nur ex nunc, während vielleicht nach dem Aufhebungsstatut Rückwirkung, zumindest für das Innenverhältnis der Eheleute vorgesehen ist[3]).

Mir scheint es am zweckmäßigsten, die Fälle des Anspruchsschwundes ebenso anzupassen wie diejenigen des Anspruchsgewinnes:

Aus einer ,,Generalbeobachtung"[4]) der beteiligten Rechtsordnungen ergibt sich ihre jeweilige Intention. Sie ist zu verwirklichen, einerlei ob das Zusammenspiel mehrerer Teilrechtsordnungen zu einer scheinbaren Mehrung oder Minderung führt. Das bedeutet, wie es Wengler[5]) einmal formuliert hat:

> ,,Liegen die Dinge so, daß die beiden aus verschiedenen Rechtsordnungen zu entnehmenden Rechtssatzgruppen eine bestimmte Regelung gleichsam überkreuz voraussetzen, so ist der beiderseits vorausgesetzte Rechtssatz zu ergänzen."

Ich würde also wiederum die beiden in Frage kommenden Rechtsordnungen nebeneinander anwenden, somit die Rechtsfolgen beider Statuten abwandeln. Das hat natürlich zur Folge, daß aus dem Anspruchsschwund wiederum ein Anspruchsgewinn wird. Allein dieses Ergebnis scheint mir als einziges zu gewährleisten, daß die spaltungsbedingte Teilanwendung mehrerer Rechtssysteme weder dem Berechtigten etwas nimmt, was ihm je eine Rechtsordnung für sich allein schon geben

---

1) Lehrbuch, § 30 A I 5 a. E. = S. 274f.

2) Soergel, Art. 13 I 2 = S. 130.

3) Im deutschen Recht sind die Unterschiede allerdings verwischt: § 37 EheG; die Frage behält aber auch hier ihre Bedeutung, wenn das „Überkreuz" zwischen Nichtigkeits- und Scheidungsgrund eintreten sollte.

4) Heck, Begriffsbildung und Interessenjurisprudenz, S. 107.

5) Festschrift Wolff, S. 368. Ablehnend Steindorff, Sachnormen, S. 86; doch muß er zugeben, daß für Wenglers Formel „zunächst eine Art kollisionsrechtlicher Logik" spricht.

würde, noch ihm etwas zugesteht, was er auf Grund der Vorschriften nur einer Rechtsordnung nicht erhielte.

Praktisch heißt das: Der Ehegatte kann wiederum wählen, ob er nach dem Güterrechts- oder nach dem Ehepersonenrechtsstatut Unterhalt und Prozeßkostenvorschuß geltend machen will, ob er das Erbstatut oder das Güterrechtsstatut für günstiger hält, wenn es um seine Beteiligung am Nachlaß geht, schließlich ob er Anfechtung oder Scheidung will, wobei § 18 der 1. DVO zum EheG wiederum einer Verbindung beider Klagen steuert.

§ 49 3. Die sog. Fälle latenter Gleichgewichtsstörungen. Die typische Situation der Überkreuzfälle bestand darin, daß idealiter eine Regelung erforderlich gewesen wäre, wo realiter durch das ungereimte Zusammentreffen mehrerer Rechtsordnungen zwei oder gar keine Regelungen eingriffen.

Bei den latenten Gleichgewichtsstörungen ist es demgegenüber so, daß nach der Intention eines Gesetzgebers — hypothetisch — zwei, gewissermaßen synallagmatische Regelungen vorausgesetzt werden, während durch das unharmonische Zusammenspiel verschiedener Teilrechtsordnungen nur noch eine Regelung intakt geblieben ist. Cansacchi[1]) gibt ein Beispiel:

Eine Rechtsordnung kennt die Unterhaltspflicht zwischen Geschwistern. Zwei Brüder sind zunächst Staatsangehörige dieser Rechtsordnung, ehe der ältere Deutscher wird. Jetzt verklagt er den jüngeren auf Zahlung eines monatlichen Unterstützungsbetrages. Auf die Verpflichtung des jüngeren Bruders findet dessen Heimatrecht Anwendung[2]).

Nach dem Wortlaut des Gesetzes müßte er seinen älteren Bruder unterhalten, obwohl dieser in der umgekehrten Situation einer Bedürftigkeit niemals zu einer Unterstützung des jüngeren Bruders (rechtlich!) verpflichtet wäre.

Dasselbe Problem kann sich im Erbrecht ergeben, wenn der Erblasser von einer Person beerbt werden soll, welche er seinerseits im Falle seines Überlebens niemals hätte beerben können[3]).

Ebenso ist es, wenn man[4]) die Nebenfolgen einer nach Art. 17 I und III EGBGB geschiedenen Ehe aus beiden Rechten entnimmt, und etwa dem Mann das Schweizer Recht die Rückforderung der Hochzeitsgeschenke erlaubt, obwohl sie das deutsche Recht der Frau bei Mitverschulden verbietet.

Für das Sachenrecht läßt sich der Fall RGZ 122, 196[5]) anführen: Gelten Eigentumsbeschränkungen nachbarrechtlicher und baurechtlicher Art für ein Grundstück an einer Gebietsgrenze schlechthin oder

---

[1]) Scelta, S. 270.
[2]) Soergel, Anhang Art. 22 II = S. 237.
[3]) Vgl. oben § 33 (Fall des dänisch-deutschen Adoptivkindes und dessen Erbanspruch)!
[4]) Wie ich oben (§ 9) das vertreten habe.
[5]) Vgl. Raape, Lehrbuch, § 62 A III = S. 589 und § 24 dieser Arbeit!

nur dann, wenn auch dieselben oder ähnliche Beschränkungen für das benachbarte, aber auf einem anderen Rechtsgebiet liegenden Grundstück in Kraft sind?

In solchen Fällen liegt das Anpassungsproblem nicht offen zutage. Dies beruht darauf, daß bei dem in Streit stehenden Vorgang eine natürliche Begrenzung vorhanden zu sein scheint, innerhalb welcher gar keine Spaltung auftaucht. Auf die Unterhaltsklage des deutschen Bruders wird nur das ausländische Heimatrecht des Beklagten angewendet; wo ist also die typische Teilanwendung mehrerer Rechtsordnungsfragmente?

Aber man darf sich nicht täuschen lassen:

In diesem Fall wird zwar die Harmoniestörung nicht „akut", gleichwohl ist sie aber „latent" vorhanden.

Das gesamte Lebensverhältnis, welches hier von mehreren Rechtsordnungen unharmonisch geregelt wird, ist eben nicht nur das Verlangen des älteren Bruders gegen den jüngeren, sondern umfaßt auch das hypothetische Unterhaltsbegehren des jüngeren gegen den älteren. Und da zeigt sich eben, daß man dem Verpflichteten hier, wie in den Überkreuzfällen dem Berechtigten, regelmäßig Unrecht täte, wenn er zahlen müßte.

Wengler[1]) hat dieser Schwierigkeit — speziell für das Erbrecht des Adoptivkindes — schon im Rahmen des Tatbestandes, also nach meiner Systematisierung innerhalb der Subsumtionsanpassung, steuern wollen. Aber wird man wirklich sagen können, der (deutsch gewordene) ältere Bruder könne nicht als „Bruder", nicht als „Geschwisterkind" im Sinne der Unterhaltsbestimmungen des Heimatrechts des jüngeren gelten?

Nun, falsch ist das sicher nicht, aber doch etwas gekünstelt. Darum ziehe ich es vor, die Subsumtion zwar vorzunehmen, gleichwohl aber die angeordnete Rechtsfolge nicht eintreten zu lassen: eben Konklusionsanpassung, weil das hypothetisch vorausgesetzte Synallagma der Verpflichtungen fehlt.

Ob man in diesen Fällen latenter Gleichgewichtsstörungen immer zu einer Anspruchsverneinung gelangen wird, läßt sich nicht allgemein sagen. Regelmäßig wird es so sein. Der Fall des Schenkungswiderrufs hat jedoch gezeigt, daß ausnahmsweise auch eine positive Anspruchsergänzung auf der anderen Seite möglich ist. Hier ist nur zu betonen, daß auch die verborgenen Harmoniestörungen nicht ohne Anpassung hingenommen werden dürfen.

4. Die sog. Fälle mit Bruchstellen. Um was es sich handelt, läßt sich am besten verdeutlichen, wenn man das betreffende Rechtssubjekt oder Rechtsobjekt eines Falles mit einem Fahrgast vergleicht, der umsteigen muß. Dreierlei kann ihm passieren:

Er steigt aus und stellt fest, daß er überhaupt keinen Anschluß mehr hat. Es läßt sich unschwer erraten, daß diese Fälle der Anpassung die meisten Schwierigkeiten bereiten.

---

[1]) ZAIP 8, S. 161ff., 168f.

Oder: Er muß mehr oder weniger lange warten. Auch das wird man nicht immer ertragen. Vielleicht stellt unser Fahrgast auch fest, daß dieselbe Strecke zur gleichen Zeit noch von einem zweiten Zuge befahren wird. Das könnte unnötiger Aufwand sein.

Ganz allgemein gesprochen handelt es sich also um eine Verstimmung, die aus Anlaß eines Statutenwechsels[1]) hervorgeht. Die beiden „sich ablösenden" Statuten, welche einen zeitlich fortlaufenden Lebensvorgang (es handelt sich um Zustandsverhältnisse: Ehe, Sachenrecht, Kindschaft usf.) unter zwei verschiedenen Rechtsordnungen trennen, passen nicht genau ineinander. Sie können sich überlagern, sie lassen vielleicht eine Lücke, die zweite setzt die erste überhaupt nicht oder auch mehrfach[2]) fort.

§ 50 a) Wie sieht nun die erwähnte Überlagerung aus?

Ich kehre das schon wiederholt erwähnte Beispiel der Witwe mit minderjährigen Kindern um: Sie soll Italienerin sein und beabsichtigt, einen Schweizer zu heiraten, wodurch sie gleichzeitig dessen Staatsangehörigkeit erwirbt. Die Witwe holt vor ihrer Heirat, getreu dem italienischen Recht, die Genehmigung zu dieser Ehe vom Vormundschaftsgericht ein; dadurch behält sie nach dem c. c. it. weiterhin die Vermögensverwaltung usw. über das Vermögen ihrer ersteehelichen Kinder. Kaum hat sie jedoch geheiratet, bestellt die Schweizer Vormundschaftsbehörde ihr für diese Kinder einen Vormund, obwohl sich rein tatsächlich nichts geändert hat.

Auch in diesem Falle liegt eine Harmoniestörung vor; zwar keine logische, wohl aber eine teleologische: Derselbe Sachverhalt wird auf Grund verschiedener, sich ablösender Rechtsordnungen uneinheitlich beurteilt. Unter der Herrschaft des italienischen Rechts soll die Witwe auch nach der Heirat ihre elterlichen Rechte behalten; gleichwohl verliert sie diese unter der Herrschaft des Schweizer Rechts.

Bildlich gesehen wird eine gewisse „Strecke" des sich entwickelnden Lebensvorgangs gleichzeitig von den sich überschneidenden Intentionen zweier Gesetzgeber geregelt — in der praktischen Auswirkung voneinander abweichend. Das Beispiel zeigt aber auch, daß diese Harmoniestörung erträglich ist. Man wird ihr auch schwer begegnen können, da die Schweizer Vormundschaftsbehörde kaum an die Entscheidung des italienischen Gerichts gebunden sein kann, selbst wenn sich die zur Beurteilung stehenden Tatsachen nicht verändert haben.

Eine etwa zu beachtende formelle Rechtskraft gilt nicht für das Verfahren in einem anderen Staate. Eine — nach Anerkennung der Entscheidung allerdings bindende — materielle Rechtskraft dürfte in diesem fürsorgerischen Bereich gerichtlicher Tätigkeit kaum vorkommen. Der einseitige Sollenswiderspruch wird also hingenommen.

---

[1]) Wenglers „Skizzen zur Lehre vom Statutenwechsel" (ZAIP 23, S. 535ff.) konnte ich nur noch anmerkungsweise berücksichtigen.

[2]) Wengler, ZAIP 23, S. 570.

Ein anderes Beispiel[1]), in dem der Statutenwechsel zu einer „zeitweiligen" Überlagerung zweier unharmonischer Regelungen führt: Ein Ehemann gehört einer Rechtsordnung an, die keinen Unterschied zwischen unehelichen und ehelichen Kindern macht. Zwei Jahre nach der Geburt eines, wie er weiß, blutsmäßig nicht von ihm abstammenden Kindes erwirbt er die deutsche Staatsangehörigkeit. Kann er jetzt noch die Ehelichkeit des Kindes anfechten?[2])

Dem Wortlaut des § 1594 II BGB nach hat die Anfechtungsfrist schon zu laufen begonnen, ehe der Mann Deutscher geworden war. Insofern überlagert der „Ablauf" der einjährigen Frist die andersartige Regelung der fremden Rechtsordnung, welche dem Mann überhaupt keine Anfechtung gestattete. Wie ist hier zu helfen?

Man kann sinnvollerweise den Fristbeginn, ohne Rücksicht auf den Wortlaut, erst dann ansetzen, wenn auch das deutsche Anfechtungsstatut auf den betreffenden Lebensvorgang einzuwirken beginnt[3]). Eine Rückbeziehung vor diesen Zeitpunkt scheidet aus; allerdings nicht mit der Begründung, daß ein Statut, welches etwa erst ab 1954 zur Anwendung komme, gar nicht die Kraft habe, einen Fristbeginn und möglicherweise sogar schon den Fristablauf bereits 1953 anzusetzen bzw. 1954 enden zu lassen. Das ist sehr wohl möglich!

Doch geht m. E. der Wille des deutschen Statuts gar nicht auf eine solche Rückbeziehung. Dies zeigt eine ausdrückliche Regelung in dem Parallelfall des intertemporalen Rechts. Art. 198 II 2 EGBGB bestimmt nämlich:

> „Die für die Anfechtung im Bürgerlichen Gesetzbuche bestimmte Frist beginnt nicht vor dem Inkrafttreten des Bürgerlichen Gesetzbuchs."

Mit anderen Worten: Zu der Kenntnis des Ehemanns, zu der Geburt des Kindes als Voraussetzungen des § 1594 II BGB muß weiterhin die Einwirkung des deutschen Anfechtungsstatuts gem. Art. 18 EGBGB auf das betreffende Lebensverhältnis kommen: Eher läuft die einjährige Frist nicht!

Wollte man anders entscheiden, ließe sich ein praktisch in gleicher Weise annehmbares Ergebnis noch mit Hilfe der Subsumtionsanpassung[4]) erzielen. Nach § 1594 III BGB finden auf den Lauf der Frist die für die Verjährung geltenden Vorschriften der §§ 203, 206 BGB analoge Anwendung. Man könnte in diesem Fall die „Behinderung" des Ehemannes durch das abweichende ausländische Recht, welches keine Ehelichkeitsanfechtung kennt, einem der in § 203 BGB genannten fristablaufhemmenden Ereignisse gleichstellen.

§ 51 b) Die Lücken beim Ineinandergreifen von Rechtsordnungen bereiten mehr Schwierigkeiten. Dies kann ein Fall aus der Gutachtenpraxis

---

1) Dazu Soergel, Art. 18 I a. E. = S. 195f.

2) Art. 18 EGBGB mit § 1594 I u. II BGB.

3) So verstehe ich auch Soergel, Art. 18 I a. E. = S. 195f.

4) Diese Erwägung fällt zwar aus dem systematischen Rahmen dieses Kapitels, wird aber des Zusammenhangs wegen erörtert.

des Instituts für Internationales und Ausländisches Privatrecht an der Universität in Köln[1]) belegen.

Im August 1950 gebar eine ledige deutsche Staatsangehörige in Polen ein Kind, dessen Erzeuger ein damals noch polnischer Staatsangehöriger war. 1957 heirateten die Eltern des Kindes vor einem Standesbeamten in Polen, vergaßen aber, das Kind anzuerkennen. Aus Anlaß dieser Eheschließung wurde dem Kindesvater die polnische Staatsangehörigkeit entzogen und er aus Polen ausgewiesen. Nach ihrer Niederlassung in der Bundesrepublik erkannten die Eheleute ihr Kind als gemeinsames zu Protokoll eines Amtsgerichts an und beantragten, seine Legitimation festzustellen.

Mittlerweile war das Rechtsverhältnis zwischen Vater und seinem Kinde wegen Art. 29 EGBGB gemäß deutschem Recht zu beurteilen. § 1719 BGB kennt eine automatische Legitimation nur durch die Eheschließung der Eltern des Kindes. Die Besonderheit dieses Falles liegt nun darin, daß nach dem zur Zeit der Eheschließung geltenden Recht (Art. 21 und 22 EGBGB)[2]) Polens[3]) die Heirat als solche keine Legitimation bewirken konnte, sondern nur die Anerkennung, welche hier fehlte. Umgekehrt ist nach dem zur Zeit der Anerkennung geltenden Recht die Anerkennungserklärung bedeutungslos, während es nach dem Wortlaut von § 1719 BGB allein auf die Eheschließung ankommt, welche jedoch schon in Polen stattgefunden hatte.

Das Ergebnis wäre unannehmbar: Nach beiden Rechtsordnungen liegen die Tatbestände vor, die zur Legitimation des Kindes führen sollen; nämlich nach polnischem Recht die Anerkennung (vor einem deutschen Amtsgericht), nach deutschem Recht die Eheschließung in Polen, als noch polnisches Recht anzuwenden war. Nur das Zusammenspiel der beiden Rechtsordnungen würde das Kind um seine verdiente Rechtsstellung bringen. Da diese Harmoniestörung durch das schlechte Ineinandergreifen der nacheinander beteiligten Rechtsordnungen hervorgerufen ist, bleibt nichts anderes übrig, als die fraglichen Vorschriften für diesen Fall so aufeinander abzustimmen, daß der Intention beider Rechtsordnungen gleichwohl genügt wird. Raape[4]) hat dies vorzüglich begründet:

> „Es ist nur folgerichtig, wenn weiterhin Legitimation in dem Falle angenommen wird, daß belgische Eheleute die deutsche Staatsangehörigkeit erwarben und ihr in die Ehe mitgebrachtes Kind bisher deshalb nicht legitimiert war, weil die Eltern es nicht rechtzeitig anerkannt . . . hatten.
>
> Wer unsere oben vertretene Auffassung billigt, daß belgische Eheleute, wenn sie Italiener werden, nunmehr in der Lage sind, die unterlassene Anerkennung nachzuholen und dadurch die Legitimation her-

---

[1]) Amtsgericht Velbert, Vormundschaftssache Borchardt, VII/608.

[2]) Vgl. dazu Soergel, Art. 22 II = S. 231!

[3]) Bergmann, P. I S. 18ff., S. 25 Anm. 1!

[4]) Staudinger, S. 560f.; zustimmend Soergel, Art. 22 I 3 = S. 231.

beizuführen, muß, wie mir scheint, auch die vorliegende Entscheidung billigen, daß belgische Eheleute, wenn sie Deutsche werden, damit ipso iure eine Legitimation ihres nicht rechtzeitig anerkannten Kindes erreichen; denn was in dem Falle rechtens ist, daß das neue Statut eine nachträgliche Anerkennung gestattet, muß in dem anderen billig sein, daß das neue Statut von einer Anerkennung gänzlich absieht." Bejaht man diese Erwägung, „so bedeutet das, daß ... nicht der Eheakt, sondern das eheliche Verhältnis die legitimierende Wirkung hat."

Auch hier ist noch ein Wort über den Zeitpunkt zu sagen. Seit wann ist das Kind nun ehelich geworden? Nach deutschem Recht kommt es auf den Zustand des Verheiratetseins seiner Eltern an; also seit der Eheschließung in Polen?

Das deutsche Statut ist jedoch erst anwendbar geworden, nachdem der Ehemann seinen gewöhnlichen Aufenthalt in Deutschland genommen hatte. Also erst seit diesem Zeitpunkt[1])? Ich möchte das letzte annehmen. Auch hier ist keine Rückbeziehung gewollt. Zu den materiellrechtlichen Erfordernissen (das Verheiratetsein) kommt das kollisionsrechtliche, daß nämlich das deutsche Statut zunächst anwendbar sein muß. Erst von diesem Zeitpunkt an wirken sich die Regeln des BGB aus. Das erscheint durchaus angemessen. Wenn die Eltern eine frühere Legitimation wünschten, konnten sie die Erklärung einer Anerkennung unter polnischem Recht abgeben. Diese „Lücke", daß das Kind noch eine Zeit lang als unehelich gilt, obwohl seine Eltern bereits verheiratet waren, fällt nicht dem unharmonischen Zusammentreffen zweier Rechtsordnungen, sondern der Nachlässigkeit seiner Eltern zur Last. Darum kann es hier keine Anpassung geben.

Ein sachenrechtlicher Parallelfall für eine Lücke infolge Statutenwechsels wird von Raape[2]) erörtert: Ein Käufer erwirbt in Deutschland vom Nichtberechtigten und wird infolge seiner Bösgläubigkeit nicht Eigentümer der Sache. Kurz darauf zieht er nach Paris. Raape lehnt die Ansicht ab, welche den Besitzer jetzt gem. Art. 2279 I c. c. fr. zum Eigentümer werden lassen will. Er legt die genannte Vorschrift so aus, daß sie nicht an den Zustand des Besitzes, sondern nur an den Vorgang des gutgläubigen Erwerbs den Eigentumserwerb knüpfe. Das hätte zur Folge, daß der Käufer in Frankreich ewig Besitzer der Sache bliebe, weil Art. 2279 c. c. fr. zugleich die Aufgabe erfülle, welche unsere Verjährungsvorschriften wahrnehmen. Raape füllt diese Lücke durch eine entsprechende[3]) Anwendung des Art. 2279 II c. c. fr. aus:

---

[1]) Daß die Begründung des gewöhnlichen Aufenthalts sich tatsächlich schwer auf einen Tag fixieren lassen wird, bedeutet nur eine praktische Schwierigkeit; das zeigt sich beim Staatsangehörigkeitswechsel!

[2]) Lehrbuch, § 57 III = S. 556ff. (558).

[3]) Hier zeigt sich wieder, daß gewisse Anpassungssituationen nur Spezialfälle der Analogieschwierigkeit bilden.

Wer infolge einer andersartigen ausländischen Regelung an einer später nach Frankreich verbrachten Sache kein Eigentum erwarb, soll nach drei Jahren Eigentümer sein.

Schließlich kann man in diesem Zusammenhang auch das Beispiel der Schweizer Witwe anführen, welche durch ihre erneute Heirat Italienerin wurde. Die Lücke entstand dadurch, daß die korrektiven Maßnahmen des Schweizer Rechts nicht mehr, die präventiven Maßnahmen des italienischen Rechts noch nicht anwendbar waren. Unmittelbar vor und nach dem Statutenwechsel entstand eine zeitliche Lücke, in welcher die Frau frei von der Möglichkeit vormundschaftsgerichtlicher Beaufsichtigung stand.

§ 52 c) Besonders empfindliche Harmoniestörungen entstehen, wenn sich bei einem Statutenwechsel kein Anschluß finden läßt.

Ein seit hundert Jahren traktiertes Beispiel ist, daß eine Sache, an welcher ein Vertragspfandrecht begründet worden ist, in einen Staat verbracht wird, welcher nur ein Faustpfandrecht kennt[1]). Schon von Wächter[2]) vertritt die Ansicht, daß ein solches Sachenrecht in dem letztgenannten Staate nur anerkannt und durchgesetzt werden könne, wenn es den Erfordernissen genüge, welche eben dieser Staat für das Entstehen und Bestehen eines Pfandrechts aufstelle. Wenig später fand er damit die Zustimmung von Savignys[3]), der die Fälle des Entstehens und Bestehens noch schärfer schied:

> „Wenn nun in einem Lande, worin das römische Recht gilt, eine Verpfändung durch Vertrag . . . vorgenommen wird, so kann diese an den in Preußen befindlichen Sachen des Schuldners kein Pfandrecht erzeugen. Sie kann höchstens als Titel gelten, um an jenen Sachen die Bestellung eines Pfandrechts . . . zu fordern . . ." Wird „umgekehrt in Preußen ein Pfandvertrag über einzelne Sachen oder über ein ganzes Vermögen geschlossen, und hat der Schuldner Vermögensstücke, die in einem Lande des römischen Rechts liegen, so ist kein Hindernis vorhanden, diese Vermögensstücke als gültig verpfändet zu behandeln. . ."

Was hier über die Entstehung eines Pfandrechts gesagt ist, dürfte zutreffen; das berührt ja auch nicht die Problematik des Statutenwechsels ohne Anschluß.

Diese liegt vielmehr darin, daß ein bereits wirksam begründetes Pfandrecht in einem Gebiete fortwirken soll, wo eine andersartige Art des Pfandrechts gilt. Bei einem solchen Wechsel eines Vertragspfandes aus einem Lande des „römischen Rechts" in den „preußischen Rechtskreis" verneint von Savigny[4]) die Klagemöglichkeit des Pfandgläubigers gegen den Besitzer. Das Vertragspfand sei „ein ganz anderes Rechts-

---

[1]) Vgl. außer den nachgenannten Autoren: Lewald, Rec. 1939 III, S. 129f.; Cansacchi, Rec. 1953 II, S. 131, 133f.

[2]) AcP 25, S. 386ff. (388).

[3]) System VIII, S. 195—198.

[4]) System VIII, S. 197.

institut"; beide Pfandrechte hätten „nur den Namen und den allgemeinen Zweck miteinander gemein". Mit unseren Begriffen gesprochen, würde er also einen Anschluß verneinen.

Von Bar[1]) hatte sich dem in der 1. Auflage angeschlossen. Später[2]) machte er jedoch eine gewichtige Einschränkung:

Das letzte Recht solle die früher gestaltete Rechtslage „respektieren", soweit s nicht zu einer Kollision mit zwingenden Normen des eigenen Sachenrechts komme.

Dieser Gesichtspunkt, daß nämlich ein Verstoß gegen den numerus clausus und den Typenzwang der Sachenrechte vorliege, hat wohl die auch heute noch herrschende Meinung dazu veranlaßt, ein „Ruhen"[3]) des Vertragspfandrechtes in Staaten mit Faustpfandrecht anzunehmen. Schon dieses Ruhen wäre eine Anpassung. Aber muß man hier nicht noch weiter gehen?

Die Ansicht, welche ein Vertragspfandrecht in Deutschland nicht anerkennen will, scheint mir den Begriffen des numerus clausus und des Typenzwanges zuviel Gewicht beizumessen. Die Frage ist ja gerade, ob sich aus der internationalprivatrechtlichen Einwirkung — ebenso wie etwa aus der intertemporalrechtlichen, Art. 184 EGBGB — nicht eine Begrenzung des Inhalts dieser Begriffe ergibt.

Sodann:

„Geschlossene Zahl der Zuordnungsrechte bedeutet, daß die Beteiligten nicht beliebig neue Zuordnungsformen schaffen können; eine gesetzlich nicht vorgesehene ‚Verdinglichung der Rechtsbeziehungen' ist nicht möglich. Die Parteien sind vielmehr darauf angewiesen, sich der gesetzlich zugelassenen Formen zu bedienen."[4])

„Typenzwang heißt, daß die Zuordnungsverhältnisse von den Beteiligten nur insoweit verändert werden können, als das Gesetz Spielraum gewährt"[5]).

Schon diese Formulierungen Westermanns zeigen, daß der Hinweis auf die genannten Begriffe eine petitio principii darstellt. Gesetzlich vorgesehen, gesetzlicher Spielraum usf. kann ja durchaus bedeuten, soweit es das anwendbare Gesetz zuläßt. Und wenn eben ein ausländisches Gesetz das Vertragspfand zuläßt, so haben dabei die Parteien[6]) keine neue Sachenrechtsform geschaffen, sondern sich lediglich einer vom Gesetz zur Verfügung gestellten bedient.

Zur Sache selbst aber ließe sich fragen: Wie steht es denn mit der Behauptung, unser Sachenrecht kenne kein Vertragspfand, kein besitzloses Pfandrecht?

---

[1]) Theorie und Praxis des IPR, 1862, S. 226.

[2]) A. a. O., 1889, I, S. 612 oben.

[3]) Vgl. Raape, Lehrbuch, § 59 III = S. 568! Soergel (Vorbem. Art. 7 IV 3 = S. 58) spricht sogar davon, daß ein Vertragspfand erlösche.

[4]) Westermann, Sachenrecht, § 3 III.

[5]) Wie Fußnote 4.

[6]) Die arglistige Erschleichung eines solchen Statuts (Gesetzesumgehung) lasse ich außer Betracht.

Ich will nur am Rande auf die Sicherungsübereignung[1]) und den Eigentumsvorbehalt hinweisen, lediglich § 1253 I 1 BGB zitieren:

„Das Pfandrecht erlischt, wenn der Pfandgläubiger das Pfand dem Verpfänder oder dem Eigentümer zurückgibt."

Es besteht also auch als besitzloses fort, wenn er es einem Dritten gibt oder wenn es ihm abhanden kommt.

Allein in diesem kollisionsrechtlichen Zusammenhange interessiert weit mehr ein anderes „Loch", das der Gesetzgeber im Falle eines Statutenwechsels bewußt in die sog. Prinzipien unserer Sachenrechtsordnung geschlagen hat: Art. 184 EGBGB.

„Rechte, mit denen eine Sache oder ein Recht zur Zeit des Inkrafttretens des BGB belastet ist, bleiben mit dem sich aus den bisherigen Gesetzen ergebenden Inhalt und Rang bestehen", soweit es sich nicht um Grundstücksrechte handelt[2]).

Hier ist nirgends davon die Rede, daß einmal entstandene Rechte auch die Voraussetzungen des neuen Statuts erfüllen müßten. Man kann auch nicht einwenden, bei dieser Regelung habe der Gesetzgeber lediglich eine Übergangssituation regeln wollen, die rein zahlenmäßig betrachtet sehr bald verhältnismäßig unbeachtlich sein werde. Denn dasselbe gilt ja für die „internationalen" Fälle in gleicher Weise.

Das Postulat von der „Fortdauervoraussetzung"[3]) wird ja auch sonst in anderen zwingend ausgestalteten Gesetzesbereichen nicht erhoben. Niemand würde behaupten, daß in Deutschland eine Ehe durch „nackten" Konsens geschlossen werden könnte. Gleichwohl erkennt man diese Ehe, wenn sie einmal wirksam im Ausland geschlossen ist, in Deutschland an und scheidet sie[4]). Warum soll für das Vertragspfand etwas anderes gelten?

Man führt die Verkehrssicherheit ins Feld: Das ist berechtigt, nötigt jedoch nicht zu dem starren Alles oder Nichts. Wenn ein Inländer von einem Ausländer eine Sache erwirbt, von der er weiß, etwa weil es ihm der Ausländer erzählt, daß sie einem Dritten durch bloßen Vertrag verpfändet sei, so vermag ich nicht einzusehen, warum der Inländer lastenfreies Eigentum erwerben soll. Das Pfandrecht bleibt bestehen, ebenso wie wenn der Dieb einer verpfändeten Sache dem Erwerber mitteilen würde, daß eben diese Sache dem Pfandgläubiger abhanden gekommen ist. Niemand ist dadurch behelligt. Darum scheint es mir überhaupt als Grundsatz richtig zu sein, daß der „mangelnde Anschluß" im deutschen Recht so überbrückt wird, daß die bereits entstandenen Rechtsbeziehungen an der betreffenden Sache weiterhin nach dem alten Statut geregelt werden. Der starre Satz, die jeweilige lex rei sitae regele die sachen-

---

[1]) BGH, Rpfl. 1959, S. 186: Für die Streitwertberechnung ist das Sicherungseigentum dem Pfandrecht (§ 6 ZPO) „gleichwertig".

[2]) Vgl. dazu Staudinger-Gramm, S. 444—446!

[3]) Wengler (ZAIP 23, S. 547) spricht von „Dauerbedingungen".

[4]) RGZ 157, 257.

rechtlichen Beziehungen an einem Gegenstand, wird hier durch die Anpassung durchlöchert. Als Faustregel wird darum gelten können:

Bereits begründete Rechtsbeziehungen an einer verpfändeten Sache werden nach den Regeln des alten Statuts fortgesetzt; neue, verändernde Vorgänge richten sich nach der jetzt geltenden lex rei sitae. Freilich gilt der erste Satz nur mit der Einschränkung, daß die die Verkehrssicherheit wahrenden allgemeinen Regeln des neuen Sachenrechtsstatuts unberührt bleiben, wie dies auch im Rahmen des erwähnten Art. 184 EGBGB der Fall war[1]).

Im einzelnen sei dazu ausgeführt:

Das gesetzliche Schuldverhältnis zwischen Pfandgläubiger und Verpfänder bzw. Eigentümer richtet sich m. E. weiter nach dem alten Statut, unter welchem es entstanden ist. So kann der Pfandgläubiger eines in China[2]) begründeten Pfandrechts — trotz § 1213 BGB — weiterhin die Nutzungen der Sache ziehen, wenn sie sich in Deutschland befindet. Dasselbe gilt etwa für Verwendungsersatzansprüche.

Wer natürlich von diesem Pfandrecht nichts ahnt und die Sache gutgläubig erwirbt, wird nach deutschen Vorschriften geschützt, wie etwa der Käufer. Dagegen erwirbt der Vermieter kein vorrangiges Pfandrecht, weil er ja auch nicht geschützt würde, wenn die Sache mit einem „deutschen" Pfandrecht belastet wäre (vgl. §§ 1257, 559 BGB!).

Neue Vorgänge richten sich also auch nach der neuen lex rei sitae. Das muß auch für die Versteigerung gelten: §§ 223, 1229 BGB und 777 ZPO sind anzuwenden. Die Verfallklausel des japanischen HGB etwa wäre unwirksam[3]).

Als Ergebnis für die Behandlung dieser „Bruchstellen ohne Anschluß" läßt sich also zusammenfassen: Die Anpassung führt dazu, daß eine „alte" Rechtsordnung für bereits begründete Rechtsbeziehungen an einer Sache im Rahmen der den Rechtsverkehr schützenden Regeln der „neuen" Sachenrechtsordnung Nachwirkungen[4]) hervorbringen kann. Neue Vorgänge unterliegen der neuen lex rei sitae, wobei eine Anpassung natürlich ebenfalls nicht völlig ausgeschlossen ist.

Genauso würde ich entgegen Raape[5]) die Fälle entscheiden, daß eine unter Eigentumsvorbehalt veräußerte Sache von Deutschland in die Schweiz gelangt oder daß ein in Italien durch Registereintrag[6]) verpfändetes Auto in Deutschland gepfändet wird. Gewiß sagt Art. 715 I ZGB:

> „Der Vorbehalt des Eigentums an einer dem Erwerber übertragenen beweglichen Sache ist nur dann wirksam, wenn er an dessen jeweiligen

---

[1]) Staudinger-Gramm, S. 445f.

[2]) RVHWB V, S. 589.

[3]) Raape, Lehrbuch, § 59 II = S. 567.

[4]) Das ist keine „Versteinerung" (Wengler, ZAIP 23, S. 568ff.) des alten Rechtsverhältnisses! Der Wandel unter das neue Statut ist hier rechtlich gerade nicht vollziehbar.

[5]) Lehrbuch, § 57 II = S. 555f. und § 59 III = S. 567f.

[6]) Vgl. dazu auch Wengler, ZAIP 23, S. 547!

Wohnort in einem vom Beitreibungsbeamten zu führenden öffentlichen Register eingetragen ist."

Und Art. 1 I 2 der VO des BG betr. die Eintragung der Eigentumsvorbehalte[1]) bestimmt:

„Wohnt der Erwerber im Ausland, hat er aber in der Schweiz eine Geschäftsniederlassung, so ist das Betreibungsamt des Ortes der Geschäftsniederlassung hierzu kompetent."

Zugegeben sei Raape auch, daß die Schweizer Rechtslehre[2]) tatsächlich davon ausgeht, daß ohne diese Eintragung die Bedingung nicht wirkt und der Erwerber Volleigentümer der Sache wird. M. E. kann man daraus jedoch nicht herleiten, daß ein deutscher Verkäufer, der sich eine Sache nun schon über ein Jahr lang abzahlen läßt, plötzlich dadurch sein Eigentum verlieren soll, daß der Käufer mit ihr in die Schweiz verzieht. Wenn schon der Vorbehalt „gestrichen" wird, dann aber doch zugunsten des Veräußerers: Er bleibt eben Eigentümer! Ich würde jedoch auch hier annehmen, daß der Eigentumsvorbehalt, ebenso wie das Registerpfandrecht, bestehen bleiben. Der Rechtsverkehr wird dadurch nicht beeinträchtigt. Immer helfen die Vorschriften über den gutgläubigen Erwerb. Und warum sollte ein deutscher Autoschlosser ein vorrangiges Pfandrecht an dem von ihm reparierten italienischen Auto erwerben, wenn ihm der Fahrer zuvor mitgeteilt hatte, daß das Auto verpfändet sei? Auch hier gilt: Nachwirkung des alten Statuts, Aufrechterhaltung der bisherigen Rechtslage im Rahmen der verkehrsschützenden Vorschriften des neuen Statuts.

Ein schönes Beispiel aus dem Familienrecht findet sich bei Kegel[3]):

Ein Marokkaner mit mehreren Frauen wird Spanier (oder deutscher Staatsangehöriger)[4]). In der jetzt (Art. 14 EGBGB) anwendbaren Rechtsordnung lassen sich keine Vorschriften über die persönlichen Eherechtsbeziehungen zu mehreren — gleichzeitigen Ehefrauen finden bzw. bilden. Kegel will weiterhin marokkanisches Recht anwenden: Das ist richtig, was sich aus dem oben entwickelten Prinzip von selbst ergibt. Dieses Prinzip ist nämlich nicht auf das Sachenrecht beschränkt. Es leistet eben bei jedem Statutenwechsel ohne Anschluß seine Dienste:

Nachwirkung des alten Statuts, Anpassung an die die Rechtssicherheit bewahrenden und den Rechtsverkehr schützenden Regeln des neuen Statuts!

Die letztgenannte Einschränkung hat der deutsche Gesetzgeber mehrfach angedeutet: Art. 7 III 1, 16 II EGBGB; 91 II 1 WG; 60 II 1 ScheckG. Ein kleines Beispiel soll das verdeutlichen:

---

[1]) Abgedruckt bei Oser-Schönenberger, ZGB mit OR, Anhang V a zum ZGB.

[2]) Guhl, Schweizer OR, S. 62.

[3]) Soergel, Vorbem. Art. 7 I 8 = S. 21f.; Lehrbuch Teil II, § 8 II 1. Vgl. auch Morris, Festschrift Wolff, S. 287ff.

[4]) Allerdings rechnet Kegel diesen Fall zu den Seinswidersprüchen. Aber logisch dürfte es möglich sein, daß der „Ärmste" jeder seiner Frauen vollen *Unterhalt* nach spanischem Recht leistet, nur eben teleologisch nicht.

Der Marokkaner kommt mit seinen drei Frauen nach Deutschland und läßt sich hier naturalisieren. Während er noch eine passende Wohnung sucht, beschließen seine Schönen, sich in Anbetracht des nahenden Winters „einen" Pelzmantel zuzulegen. Jede der Frauen erwirbt einen, jede versichert, ihr Mann werde bezahlen. Der Verkäufer verlangt gem. § 1357 BGB die Bezahlung aller Mäntel von dem Ehemann. Der beruft sich darauf, im Rahmen des § 1357 BGB brauche ein deutscher Ehemann auch nicht dafür einzustehen, daß seine Frau drei Mäntel an einem Morgen in demselben Geschäft kaufe. Zu Unrecht: Die durch das marokkanische Recht bewirkte „Drittelung des ehelichen Bandes" ist so anzupassen, daß in Deutschland jede Frau als die Ehefrau im Sinne des § 1357 BGB gilt. Mag der Mann zwei den von dreien die Schlüsselgewalt entziehen! Wenn diese ihn dann erbost umbringen sollten und jede $\frac{1}{4}$ seines Nachlasses[1]) erben wollte, so dürften sie wiederum irren: Sie müssen sich „das" Erbteil „der" Ehefrau dritteilen[2])[3]).

Bei den Seinswidersprüchen kann man zwei große Falltypen unterscheiden, die ich schlagwortartig als „Konträrfälle" und als „divergierende Statutenstrebungen" bezeichnen möchte.

§ 53 5. Die sog. Konträrfälle. Sie bilden das eigentliche Anwendungsgebiet für Kegels sog. materielle Normen im IPR. Die Harmoniestörungen sind gar nicht schärfer denkbar. Die typische Konstellation ist diese: Ein Satz unseres IPR beruft gleichzeitig zwei fremde materielle Rechte nebeneinander; die Intentionen dieser beiden fremden Rechte stehen sich direkt-konträr gegenüber.

Zwei Personen A und B mit verschiedener Staatsangehörigkeit, welche miteinander verwandt sind und darum für eine gegenseitige Beerbung in Frage kommen, sterben bei einem Flugzeugunfall[4]). Das eine Heimatrecht vermutet, daß A, das andere, daß B länger gelebt habe. Gleichgültig ist dabei, ob jedes Recht den eigenen Staatsangehörigen oder gerade den anderen bevorzugt.

Zwei Männer mit verschiedener Staatsangehörigkeit, wiederum A und B, kommen als Vater eines ehelichen Kindes in Betracht[5]), weil sich die Mutter vor Ablauf der Wartefrist wiederverheiratet hat, und das Kind nach der Berechnung der gesetzlichen Empfängniszeit von beiden erzeugt sein könnte (vgl. §§ 1600 BGB, 8 EheG!). Das eine Heimatrecht bestimmt, daß A, das andere, daß B als Vater des Kindes zu gelten habe, sofern nicht etwas anderes nachzuweisen ist.

Bei der Spaltung gegenseitiger Verträge, etwa eines Kaufvertrages nach Käufer- und Verkäuferrecht, ergeben sich gleichliegende Probleme: Das

---

[1]) Nach dem Rechtszustand bis zum 1. 7. 1958. Nach der Quotierung des GlberG dürfte allerdings schon ein Seinswiderspruch vorliegen.

[2]) Vgl. Morris, Festschrift Wolff, S. 324 Anm. 167 a!

[3]) § 2339 BGB bleibe unberücksichtigt.

[4]) Soergel, Vorbem. Art. 24—26 III 3 = S. 248.

[5]) Soergel, Art. 18 II 3 = S. 196.

Verkäuferrecht schreibt einen Leistungsaustausch Zug um Zug vor, das Käuferrecht will Zahlung nach Empfang[1]).

„Wer soll z. B. beim Kauf während der Zeit zwischen Vertragsabschluß und traditio die Gefahr tragen, wenn die Verpflichtungen des Verkäufers dem schweizerischen Recht unterstehen (Übergang der Gefahr mit Vertragsabschluß, Art. 185 schweiz. OR), die Verpflichtungen des Käufers aber dem deutschen Recht (Übergang der Gefahr mit Übernahme der Sache, §§ 446f. BGB)?

Der Verkäufer trägt vom Zeitpunkt des Vertragsabschlusses an nach dem auf seine Verpflichtungen anwendbaren Recht die Gefahr nicht mehr, auf den Käufer aber geht sie nach dem für ihn maßgebenden Recht erst im Zeitpunkt der traditio über. Das Problem ist logisch unlösbar"[2]).

Dasselbe kann sich ergeben, wenn die Beweislast für das Unmöglichwerden der Leistung jeweils dem anderen Vertragspartner aufgebürdet wird[3]).

Bei einer gemeinschaftlichen Adoption durch Ehegatten verschiedener Staatsangehörigkeit ist folgendes denkbar: Das Heimatrecht des Vaters läßt das Kind dessen Namen erwerben, das Heimatrecht der Mutter beläßt dem Kind seinen Geburtsnamen[4]).

Das Erbrecht kennt ebenfalls Beispiele[5]) für Konträrfälle: Sind etwa —infolge Art. 28 EGBGB — auf einzelne Nachlaßteile[6]) eines Erblassers verschiedene Rechtsordnungen anwendbar, so kann ein Ausgleich unter den einzelnen Nachlaßmassen oder ein entsprechender Ausgleich von Vorempfängen dadurch scheitern, daß nach den beteiligten Rechtsordnungen jeweils „der andere" Nachlaßteil auf den Schulden sitzenbleiben bzw. die Vorempfänge zugerechnet erhalten soll.

Denkbar ist auch, daß sich ein solcher Konträrfall aus der gleichzeitigen Anwendung zweier IPR-Sätze ergibt: Das Bürgschaftsstatut bestimmt etwa, daß im Innenverhältnis letztlich der Pfandschuldner den Schaden tragen soll, das Pfandrechtsstatut sieht demgegenüber den Bürgen als den letzten an, welchen die Hunde beißen[7]), oder auch umgekehrt. Dieser Fall stellt bereits den Übergang zu der letzten Gruppe dar, weil er durch mehrere deutsche IPR-Normen[8]) verursacht worden ist. Da die Inten-

---

[1]) Raape, Lehrbuch, § 49 V = S. 485.

[2]) Niederer, Einführung, S. 212.

[3]) Vgl. dazu Rosenberg, Beweislast, S. 84f., 224!

[4]) Vgl. Dölle, Festgabe Kaufmann, S. 46!

[5]) Soergel, Vorbem. Art. 24—26 VI 4 = S. 261f.

[6]) Oder auch die verschiedenen „Nachlässe"; diese Streitfrage spielt hier keine Rolle.

[7]) Zu dieser Streitfrage im deutschen Recht: Lehmann, Schuldrecht, § 194 I 3; Westermann, Sachenrecht, § 129 IV.

[8]) Hierher würde dann wohl auch der Fall Kegels (Soergel, Art. 13 IV = S. 141) zu zählen sein, daß etwa das Scheidungsstatut die Nichtigkeitsklage, das Nichtigkeitsstatut die Scheidungsklage vorgehen läßt. M. E. dürfte hier aber § 18 der 1. DVO zum EheG als Prozeßnorm anwendbar sein.

tionen der beiden Statuten jedoch genau konträr aufeinanderprallen, kann man ihn besser hier einreihen.

Ebenso liegt es, wenn das Adoptionsstatut des (unehelichen) Kindes die Unterhaltspflicht seines Erzeugers derjenigen seiner Adoptiveltern vorgehen läßt[1]), während das Statut des unehelichen Vaters (Art. 21 EGBGB) zunächst die Adoptiveltern für die Unterhaltsleistung verantwortlich macht.

Wie sind nun derartige Konträrfälle zu lösen? Die einfachste Lösung ist die, es bei der negativen Wirkung einer gegenseitigen Elision[2]) oder Neutralisierung der widersprechenden Normen zu belassen. Sie heben sich gegenseitig auf[3]). Weder hat der A den B noch B den A überlebt. Folglich kommen die übrigen gesetzlichen Erben zum Zuge. Diese rein negative Lösung reicht hier aber nur deshalb aus, weil der Nachlaß damit noch nicht „ins Leere" fällt. Bei den widersprechenden Konkubenten-Vermutungen wäre eine solche Lösung zwar ebenfalls denkbar; man könnte keinen der beiden Männer als Vater betrachten. Aber das erscheint doch unerträglich, wenn feststeht, daß einer es ist! In diesem Fall dürfte es zweckmäßig sein, die abstrakten gegensätzlichen Vermutungen durch eine konkrete zu ersetzen. Wer nach den Umständen des Einzelfalles mit größerer Wahrscheinlichkeit als Vater anzusehen ist, der gilt auch als solcher, bis das Gegenteil bewiesen ist. Man wende nicht ein, wenn der Richter zu einem solchen Ergebnis komme, so bedürfe es gar keiner Vermutung mehr. Doch: Ich verlange ja nicht, daß der Richter überzeugt ist; lediglich die konkret begründete Wahrscheinlichkeit soll den Ausschlag geben. Es ist kaum zu erwarten, daß diese Regel einmal versagen wird. Wo das doch der Fall ist, würde ich letztlich auf die Regelung des BGB zurückgreifen.

Ebenso ist bei widersprechenden Beweislastverteilungen zu verfahren. Die konkrete Wahrscheinlichkeit genügt: Spricht diese für ein Vertretenmüssen des Verkäufers etwa, so kommt die Rechtsordnung zur Anwendung, welche die Beweislast dem Verkäufer auferlegt. Halten sich die konkreten, die Wahrscheinlichkeit begründenden Umstände auf beiden Seiten die Waage, so würde ich wiederum auf deutsches Recht zurückgreifen. Zwar nicht, weil die Beweislastregeln dem Prozeßrecht angehörten[4]); wohl aber, weil die Frage der Beweislast nur im Prozeß akut wird und der deutsche Gesetzgeber diese — für den Richter ebenso wie für die Parteien peinliche — Situation geregelt hat, um eben beide nicht in Verlegenheit zu lassen[5]).

In anderen Fällen empfiehlt sich ein unmittelbar wertentscheidender Durchgriff auf eine materiellrechtliche Lösung hin:

[1]) Vgl. LG Verden, MDR 1957, S. 739!

[2]) Cansacchi, Rec. 1953 II, S. 142f.

[3]) Nachweise Anm. 3 auf S. 46.

[4]) Vgl. Rosenberg, Beweislast, § 7, insbes. S. 81!

[5]) Ebenso will Dölle (Festschrift Nikisch, S. 192) auf deutsches Recht zurückgreifen, wenn der Nachweis — des an sich anwendbaren — ausländischen Rechts mißlingt.

Widerspricht sich Bürgschafts- und Pfandstatut hinsichtlich der internen Ausgleichungspflicht, so scheint es mir angemessen, beide, Bürgen wie Verpfänder, je wertmäßig im Verhältnis der Höhe des gesicherten Forderungsbetrages und des Wertes des Pfandstücks am Ausgleich zu beteiligen[1]). Dasselbe meint Niederer[2]) zu dem Gefahrtragungsproblem: „Es bleibt nur der Ausweg, daß die Beteiligten die Gefahr in der Zwischenzeit je zur Hälfte tragen." Andere[3]) wollen die Leistungsgefahr einheitlich nach dem Verkäuferrecht, die Preisgefahr einheitlich nach dem Käuferrecht beurteilen. Das hilft zwar die gleichzeitige Anwendung verschiedener Preisgefahrregeln vermeiden, kann aber an anderer Stelle erneut zu Harmoniestörungen führen. Denn die Regelung von Preis- und Leistungsgefahr ist eng miteinander verknüpft.

Der Nachlaßausgleich macht besondere Schwierigkeiten. In den Fällen der Nachlaßspaltung, etwa infolge Art. 27 oder 28 EGBGB[4]) sind zwei Möglichkeiten denkbar.

Entweder enthalten die in Frage kommenden Statuten ausdrücklich widersprechende Vorschriften: Die für den beweglichen Nachlaß (-teil) geltende Rechtsordnung bestimmt etwa, daß der unbewegliche Nachlaß, die auf den unbeweglichen Nachlaßteil anwendbaren Bestimmungen schreiben dagegen vor, daß der bewegliche Nachlaß letztlich im Innenverhältnis die Nachlaßverbindlichkeiten zu tragen habe. Möglich ist es zwar, daß diese Vorschriften sich gegenseitig aufheben; nur würde das zu dem unbefriedigenden Ergebnis führen, daß eine zufällige Erstleistung aus dem einen Nachlaß die einen Erben völlig ohne Grund begünstigen und die anderen benachteiligen würde. Um das zu vermeiden, läßt sich erwägen, ob man in solchen Fällen nicht schon die Nachlaßverbindlichkeiten wertmäßig so spaltet, daß jeder Nachlaß nur noch in der Höhe haftet, wie es dem Wert dieses Nachlasses zum Wert des nicht in Anspruch genommenen Nachlaßteiles entspricht. Das wäre eine Art Wegfall der Geschäftsgrundlage im Erbrecht oder die Begründung eines Leistungsverweigerungsrechts gem. § 242 BGB.

Hiergegen wird man einwenden[5]), das bedeute für den Nachlaßgläubiger eine ungerechtfertigte Erschwerung: Jetzt müsse er zweimal klagen, wo er sonst mit einem Prozeß zum Ziel gekommen sei. Das schlägt jedenfalls dann nicht durch, wenn der Nachlaßgläubiger in einem Lande ein Leistungsurteil über die gesamte Schuld erwirkt hat, jedoch zur Vollstreckung in dem anderen Lande ein neues, Vollstreckungsurteil (vgl. §§ 722f. ZPO!) benötigt. Allerdings gilt das nicht, wenn der Gläubiger die gesamte Forderung auch aus dem Nachlaß beitreiben kann, welcher

---

[1]) Vgl. Westermann, Sachenrecht, § 129 IV!

[2]) Einführung, S. 212. Raape (Lehrbuch, § 49 V = S. 485) verweist auf Treu und Glauben.

[3]) Soergel, Vorbem. Art. 7 III 1 b, aa = S. 50f. mit Nachweisen.

[4]) Vgl. Ferid-Firsching, Einführung S. 2!

[5]) Staudinger-Raape, S. 688: „Der deutsche Nachlaß haftet dem Gläubiger in solidum und nicht etwa nur pro rata . . .".

in dem Staate belegen ist, wo er das Leistungsurteil erwirkt hat. Insofern enthält diese „Forderungsaufteilung“ doch eine Unbilligkeit zu Lasten der Nachlaßgläubiger.

Ich möchte jedoch meinen, daß man auch ohne besondere Anpassungsmaßnahmen im Erbrecht zu einem billigen Ausgleich im Innenverhältnis kommt, nämlich mit Hilfe der Regeln über die Geschäftsführung ohne Auftrag oder etwa die ungerechtfertigte Bereicherung. Daß jede Nachlaßmasse auf das Ganze haftet — also auch die zuerst leistende in vollem Umfange schuldet —, schließt nicht aus, daß gleichzeitig ein Geschäft der anderen Nachlaßmasse besorgt, auch ihre Schuld getilgt und sie rechtsgrundlos auf Kosten der ersten Nachlaßmasse bereichert wird. Wer hier noch Bedenken hat, müßte eben die Geschäftsführungsregeln oder Bereicherungsvorschriften anpassen!

Andere Erbrechte haben vielleicht gar keine Regeln über den Ausgleich zweier Nachlaßmassen aufgestellt[1]), weil sie, falls beide Massen nach ihrem Recht abgewickelt werden, diese Massen als Einheit ansehen; falls aber eine Trennung durch das IPR geschaffen wird, nur den Nachlaßteil abwickeln und als „die“ Erbschaft behandeln, welcher ihrem Recht unterliegt. Der ausdrückliche Normenwiderspruch fehlt hier zwar. Materiell ist eine Anpassung aber gleichwohl erforderlich. Auch hier würde ich durch eine, zumindest „entsprechende“ — und damit angepaßte —, Anwendung der Geschäftsführungs- sowie Bereicherungsregeln helfen.

Kegel[2]) schafft hier einen „materiellen Satz im IPR“, der etwa lauten würde: Im Innenverhältnis ist jede Nachlaßmasse nach ihrem Werte verhältnismäßig zur Tragung der Nachlaßverbindlichkeiten verpflichtet. Ebenso hält Raape[3]) es für recht und billig, daß proratarisch ausgeglichen wird. Allein Raape gibt eine bemerkenswerte Begründung, die ich gegen Kegels Bildung „materiellen Rechts im IPR“ anführen möchte:

> „Welche Rechtsordnung entscheidet nun, wie das Rechtsverhältnis der entstehenden Erbmassen bzw. der an ihnen beteiligten Personen bezüglich der Passiva ist? . . . Wie mir scheint, kann die Frage nur einheitlich entschieden werden. Da es keine über den anzuwendenden Erbstatuten thronende Rechtsordnung gibt, die für die Frage zuständig wäre, muß eines der Erbstatuten für sie maßgebend sein.“

Darin scheint mir doch die oben[4]) schon vertretene Meinung, wenigstens dem Grundgedanken nach, angedeutet: Die Anpassung verändert hier nur die materiellen Erbrechtsnormen der berufenen Statuten[5]). Diese Veränderung des materiellen Rechts der jeweiligen nationalen

---

[1]) Vgl. Ferid-Firsching, Österreich, Grundzüge C III Randnote 12; Walker, IPR, S. 985, der von praktischen Schwierigkeiten spricht, ohne eine Lösung anzudeuten; und Ferid-Firsching, Frankreich, Grundzüge C I Randnote 6!

[2]) Soergel, Vorbem. Art. 24—26 VI 4 = S. 261f.

[3]) Staudinger, S. 687.

[4]) § 37 dieser Arbeit.

[5]) Zu eng erscheint es, die Frage nur einem Erbstatut zuzuweisen. Beide geben hier keine Antwort, beide müssen daher angepaßt werden.

Rechtsordnungen kann wiederum nur zu Normen führen, welche eben diesen Rechtsordnungen angehören.

Freilich kann Kegel sich darauf stützen, daß in der soeben geschilderten zweiten Alternative, wo die beiden Erbstatuten gar keine, also auch keine widersprechenden Ausgleichsregeln enthalten, keine Veränderung des fremden materiellen Rechts möglich sei. Allein das scheint mir ein Trugschluß zu sein: Einmal könnte man ja in diesen Fällen die in den jeweiligen Erbrechtsordnungen vorgesehenen Ausgleichsregelungen unter Miterben auf die Ausgleichsregelung der verschiedenen Nachlaßmassen übertragen und im Rahmen einer solchen Übertragung die sachentsprechende Anpassung vornehmen.

Sodann ist es denkbar, daß eben die fehlende Ausgleichsregelung im Wege der Anpassung geschaffen wird; aber nicht in unserem IPR, wohin sie systematisch gewiß nicht von Hause aus gehört, sondern in die unharmonisch zusammengerufenen Rechtsordnungsfragmente des jeweiligen Erbstatuts.

Gerade die Konträrfälle zeigen, daß eine sachbezogene Anpassung sich nicht allzu ängstlich auf ausgefahrenen Geleisen bewegen kann. Aber möglich ist die Anpassung darum gleichwohl!

§ 54 6. Die sog. Fälle divergierender Statutenstrebungen.

Das Typische dieser Fälle besteht darin, daß nicht durch einen Satz unseres IPR mehrere Rechtsordnungen berufen werden, deren Regelungen sich direkt-konträr gegenüberstehen, wie die eben besprochene Gruppe, sondern daß mehrere IPR-Sätze mehrere materielle Rechte berufen, deren Intentionen auseinanderstreben, welche die zu verteilenden Rechtsgüter in verschiedenen Richtungen zu konzentrieren suchen.

Allerdings beruhen alle Harmoniestörungen und alle Anpassungsschwierigkeiten letztlich auf einer „Statutendivergenz". Insofern kann man diese letzte Gruppe in der Tat als Auffangkategorie ansprechen. Darum ist sie aber keineswegs aus heterogenen Falltypen zusammengesetzt. Jedenfalls setzt sie sich deutlich gegen die vorige, erste Gruppe der Seinswidersprüche ab:

Dort wurde ein einheitlicher und lebensmäßig betrachtet nicht mehr näher zu teilender Vorgang (Geburt als Kind einer Ehefrau; Tod; Kauf) von verschiedenen Rechten gegensätzlich-widersprechend bewertet. Hier werden an sich trennbare, voneinander abzugrenzende Lebensbeziehungen zwei oder mehreren Statuten unterworfen. Diese trennbaren Lebensvorgänge weisen aber rechtlich gegenseitige Wechselbeziehungen auf, welche auch ein bestimmtes logisches Verhältnis dieser doppelten oder mehrfachen Regelung fordern. Die jeweilige Intention der einzelnen Statuten nimmt aber auf diese „Statutenhäufung" keine Rücksicht, so daß im Ergebnis die gesetzgeberischen Ziele in die verschiedensten Richtungen zerstreut erscheinen.

Dieser Falltyp bildet den Hauptanwendungsbereich für die sog. kollisionsrechtliche Lösung des Anpassungsproblems.

Drei Unterfälle lassen sich herausstellen: Die Divergenz von Personal- und Personalstatut, von Personal- und Sachstatut sowie von Schuldstatut und Sachstatut.

In der ersten Gruppe wird man regelmäßig einem der nicht miteinander harmonierenden Personalstatuten den Vorzug geben, also eine Konklusionsanpassung wählen, welche die von einem Statut angeordnete Rechtsfolge, nämlich die Anwendung einer abweichenden materiellen Regelung, negiert.

Man zieht etwa das Gewaltstatut der Eltern (Art. 19 EGBGB) dem Vormundschaftsstatut (Art. 23 EGBGB) vor[1]), während wiederum das elterliche Gewaltstatut dem Eherechtsstatut (Art. 14/15 EGBGB) weichen muß[2]). Das Recht der unehelichen Mutter (Art. 20 EGBGB) überspielt das Heimatrecht des Erzeugers[3]) — oder umgekehrt[4]).

In diesen Fällen werden weniger juristische Erwägungen den Ausschlag zugunsten einer bestimmten Rechtsordnung geben, als Überlegungen tatsächlicher Natur. Etwa so: Ist das Kind besser bei den Eltern oder von einem Vormunde, besser bei seiner unehelichen Mutter als bei seinem Erzeuger aufgehoben bzw. umsorgt? Soll der Ehemann das Heft in der Hand haben oder noch der Vater? Die Beantwortung dieser Fragen entscheidet zugleich darüber, welches Statut sich durchsetzt. Freilich ist das nicht immer die glücklichste Lösung, und manchmal wird darum eine Verschmelzung der beiden materiellen Regelungen vorteilhafter sein. Dies scheint mir besonders für das Recht des unehelichen Kindes angebracht, wenn man im Falle einer Anerkennung durch den Vater die weitreichenden Folgen bezüglich der Staatsangehörigkeit, des Namens, des Erbrechts und der gegenseitigen Unterhaltspflicht bedenkt. Allerdings dürfte es verfehlt sein, einem in Marseille wohnhaften Franzosen nach der Anerkennung seines in Hamburg lebenden unehelichen Kindes nun auch die elterliche Gewalt zuzusprechen. Insoweit würde ich es bei der Regelung des Mutterstatuts belassen[5]).

Für die zweite Gruppe, daß sich Personal- und Sachstatut reiben, scheint mir eine kollisionsrechtliche Lösung regelmäßig unbefriedigend. Zwar ist der Satz weit verbreitet, daß die — regelmäßig hier in Frage stehenden — Gesamtstatuten (vgl. Art. 15, 19, 20, 21, 22, 23, 24, 25 EGBGB!) sich an dem (sachenrechtlichen) Einzelstatut brechen[6]). Dieser Satz kann aber nur bedeuten, daß die elementaren Grundsätze einer Sachenrechtsordnung nicht verletzt werden dürfen; im übrigen ist weitestgehende Anpassung geboten.

So bestehen m. E. keine begründeten Bedenken, dem Schweizer oder französichen Vindikationslegat in Deutschland Wirksamkeit zu ver-

---

1) Raape, Lehrbuch, § 27 III = S. 382f.
2) Raape, Lehrbuch, § 14 III 3 = S. 102f.
3) Raape, Lehrbuch, § 33 B II = S. 346.
4) Soergel, Art. 21 I 2 = S. 221f.
5) Letzteres gegen Soergel, Art. 21 I 2 = S. 221f.
6) Dagegen mit Recht kritisch Soergel, Vorbem. Art. 7 IV 2 = S. 57/58.

leihen[1]). Auch für das Grundbuchrecht ist davon keinerlei Verwirrung zu besorgen. Freilich geht es nicht ohne eine Anpassung der formellen Grundbuchvorschriften ab:

§ 40 GBO durchbricht z. B. den Voreintragungsgrundsatz des § 39 GBO, wenn „die Person, deren Recht durch eine Eintragung betroffen wird, Erbe des eingetragenen Berechtigten" ist und (u. a.) die Übertragung des Rechts eingetragen werden soll. Nach § 35 GBO kann im übrigen der Nachweis der Erbfolge nur durch einen Erbschein geführt werden. Nach den deutschen Bestimmungen über den Erbschein ist dieser jedoch ein Zeugnis über das Erbrecht des Erben, in welchen Vermächtnisnehmer nicht aufgenommen werden.

Dem Wortlaut dieser Vorschrift nach könnte der Vermächtnisnehmer nach französischem Recht etwa seine automatisch mit dem Erbfall eingetretene Eigentümerstellung an dem Grundstück in Deutschland nicht nachweisen. Hier muß die Anpassung insofern helfen, als der nach ausländischem Erbrecht für die in Deutschland belegene Gegenstände berufene Vindikationslegatar bezüglich der angeführten Rechtssätze als Erbe zu gelten hat. Er ist eben Rechtsnachfolger kraft Gesetzes, wenn auch nur „heres ex re certa"[2]).

Die Konklusionsanpassung bewirkt also, daß ein Vindikationslegat innerhalb unserer Sachenrechtsordnung wirken kann, die Subsumtionsanpassung der grundbuchrechtlichen Vorschriften verhilft dem dinglich berechtigten Vermächtnisnehmer zur praktischen Durchsetzbarkeit seiner Berechtigung.

Dasselbe muß m. E. für eine Legalhypothek der Ehefrau an dem Vermögen des Mannes gelten[3]). Raape meint freilich[4]):

> „Eine Legalhypothek der Ehefrau an dem Vermögen des Mannes, wie nach französischem Recht, sprengt unser System, ist also nicht anzuerkennen, es bleibt nur ein Anspruch auf Einräumung."

Das leuchtet nicht ein. Wenn eine solche Gesamthypothek geschaffen werden kann, und wir diese dann gelten lassen, was niemand bestreitet, so ist nicht einzusehen, warum dies nur auf dem umständlichen Wege einer rechtsgeschäftlichen und nicht auch einer automatischen-gesetzlichen „Bestellung" geschehen kann.

Sprengt unser System? Das System ist ja nicht um seiner selbst willen da, und wer erleidet denn einen Schaden, wenn die Legalhypothek kraft Gesetzes eintritt? Auch das deutsche Recht kennt die automatische

---

[1]) Raape, Lehrbuch, § 56 VII 6 = S. 551. Vgl. dazu auch Art. 213 EGBGB und Staudinger-Gramm, S. 531!

[2]) Dazu Soergel, Vorbem. Art. 24—26 VI 4 = S. 262 und KG, IPRspr. 1926/27 Nr. 90.

[3]) Soergel, Art. 14 II 9 = S. 152. A. A. Dölle, ZAIP 16, S. 384f.; Raape, Lehrbuch, § 56 VII 6 = S. 551.

[4]) Lehrbuch, § 56 VII 6 = S. 551. In § 59 VI = S. 570 spricht er sogar von einer Gefährdung der Rechtssicherheit.

Entstehung eines Hypothekenrechtes[1]) und die §§ 891 ff. BGB schützen jeden, der es verdient hat.

Ebenso dürfte der vom OLG Dresden[2]) entschiedene Sachverhalt zu lösen sein: Der automatische Anfall der den Eheleuten gehörenden Grundstücke nach westfälischem Güterrecht wirkt auch für ein im Königreich Sachsen gelegenes Grundstück, selbst wenn dieses einen solchen Erwerbsgrund kraft Gesetzes nicht kennt! Der anpassende Eingriff drängt hier also regelmäßig den allzu doktrinären Herrschaftsanspruch der lex rei sitae zurück.

Umgekehrt verhält es sich in der letzten Untergruppe einer Statutendivergenz zwischen Schuld- und Sachenrechtsstatut, oder wie man m. E. treffender sagen würde: zwischen Verpflichtungs- und Verfügungsstatut.

Das Bürgschaftsstatut läßt beispielsweise die Forderung des Gläubigers ex lege auf den zahlenden Bürgen übergehen, während das die Forderung des Gläubigers beherrschende (Kauf-)Statut diesen automatischen Übergang ablehnt[3]). In dieser Lage bietet schon das Bürgschaftsstatut — außer der cessio legis — andere Rechtsbehelfe, um den Bürgen zu seinem Ausgleich kommen zu lassen. Dieselbe Situation ist ja sogar innerhalb des deutschen Rechts denkbar, wenn etwa die Forderung des Gläubigers infolge einer vereinbarten Unabtretbarkeit (§ 399 BGB) nicht übergehen kann. Die Auftrags- oder Bereicherungsregeln helfen. Rabel[4]) will allerdings nur das Bürgschaftsstatut entscheiden lassen. Er hat dafür ein gewichtiges Argument: Ohne die cessio legis stände der Bürge im Konkursfalle des Schuldners neben den sonstigen Gläubigern; die — denkbare — Vorzugsposition (vgl. §§ 412, 401 BGB!) wäre verloren. Aber ist der Bürge nicht von vornherein eine derart „gefährliche", weil nicht automatisch regreßbegünstigte Verpflichtung eingegangen? Sein Irrtum über die Rechtslage mag freilich zu einer Anfechtung führen. Und wie würde Rabel entscheiden, wenn nur das Bürgschaftsstatut die cessio legis ausspräche, während das Kaufschuldstatut und das Statut des Neben-Sicherungsrechts (Pfand, Hypothek) den automatischen Übergang ablehnen?

Ebenso steht es in dem Fall[4]), daß das Mietsstatut ein automatisches Vermieterpfandrecht kennt, welches jedoch dem Sachenrechtsstatut, welches für die Mieträume gilt, fremd ist. Auch hier bietet das Schuldrechtsstatut genügend Möglichkeiten, die Sachlage nachträglich dem Verfügungsstatut anzupassen.

Schließlich sei noch ein Grenzfall zwischen Anpassung und Umdeutung angeführt. Mehrere Personen schließen einen Gesellschaftsvertrag, für

---

[1]) Vgl. §§ 1287 BGB, 848 II ZPO!

[2]) Sächsische Annalen XVIII, S. 513; dazu: Raape, Lehrbuch, § 56 VII 6 = S. 550 Anm. 3 und Soergel, Vorbem. Art. 7 IV 3 = S. 57!

[3]) Raape, Lehrbuch, § 47 I 2 = S. 471 und § 50 I = S. 488; Rabel, Conflict III, S. 435 ff.

[4]) Conflict III, S. 437 f.

[5]) Raape, Lehrbuch, § 59 V = S. 569 f.

den etwa deutsches Recht gelten soll (§§ 705ff. BGB), und vereinbaren demgemäß Gesamthandseigentum bezüglich ihres Vermögens, das in verschiedenen Staaten liegt. Eines dieser Länder kennt nur Bruchteilseigentum. Hier kann das Sachenrechtsstatut in der Tat kein Gesamthandseigentum dulden[1]). Wie ist zu verfahren?

Zunächst muß die Umdeutung klären, was die Gesellschafter bezüglich dieses Staates gewollt haben bzw. bei Kenntnis der dortigen Rechtslage gewollt hätten. War ihnen gerade die Rechtsform des Gesamthandseigentums bezüglich des gesamten zur Gesellschaft gehörenden Vermögens so wichtig, daß die jetzt zutage getretene teilweise Unmöglichkeit den ganzen Gesellschaftsvertrag zusammenfallen läßt? Oder sollte er dann zumindest für die übrigen Staaten fortgelten, welche Gesamthandseigentum anerkennen? Oder bleibt es bei der Gründung einer Gesellschaft für alle vorgesehenen Staaten, wobei dann etwa eine Gesamthands- und eine Bruchteilsgemeinschaft innerhalb „der" Gesellschaft anzunehmen wäre?

Das alles sind Fragen, die nur aus dem Willen der Vertragspartner zu beantworten sind. Steht aber fest, daß sie etwa eine Gesamthands- und eine Bruchteilsgemeinschaft innerhalb der einen Gesellschaft wünschen, so muß dann möglicherweise die Anpassung helfen, etwa was die Surrogation des Geschäftsvermögens angeht. Dazu wird aber wiederum das Schuldstatut, besonders der Gesellschaftsvertrag selbst ausreichende Möglichkeiten bieten. Es zeigt sich hier eben, daß das Schuldstatut regelmäßig weitaus elastischer ausgeformt ist als das Sachenrechtsstatut und darum ohne besondere Schwierigkeiten zum Ausgleich von Harmoniestörungen fähig ist.

---

[1]) Soergel, Vorbem. Art. 7 IV 2 a. E. = S. 58; Raape, Lehrbuch, § 62 A I 2 = S. 588.

FSC
www.fsc.org
MIX
Papier | Fördert gute Waldnutzung
FSC® C083411

Kolibri 360 GmbH
Ferdinand-Jühlke-Straße 7
99095 Erfurt, Deutschland
produktsicherheit@kolibri360.de